浙江省哲学社会科学规划课题"共同治理视域下高校教师建言行为的影响机理及优化策略研究"（课题编号：23NDJC364YB）资助成果；甬江社会科学青年人才资助成果

建言行为

——大学治理中的教师参与

Voice Behavior Faculty Participation

in University Governance

郑琼鸽 ◎著

中国财经出版传媒集团

经济科学出版社
Economic Science Press

·北京·

图书在版编目（CIP）数据

建言行为：大学治理中的教师参与/郑琼鸽著.
－－北京：经济科学出版社，2023.8
ISBN 978 - 7 - 5218 - 4914 - 1

Ⅰ.①建…　Ⅱ.①郑…　Ⅲ.①高等学校－学校管理－
研究－中国　Ⅳ.①G647

中国国家版本馆 CIP 数据核字（2023）第 122452 号

责任编辑：宋艳波
责任校对：隗立娜　刘　娅
责任印制：邱　天

建言行为
——大学治理中的教师参与
郑琼鸽　著
经济科学出版社出版、发行　新华书店经销
社址：北京市海淀区阜成路甲 28 号　邮编：100142
总编部电话：010 - 88191217　发行部电话：010 - 88191522
网址：www. esp. com. cn
电子邮箱：esp@ esp. com. cn
天猫网店：经济科学出版社旗舰店
网址：http://jjkxcbs. tmall. com
固安华明印业有限公司印装
710 × 1000　16 开　15. 25 印张　220000 字
2023 年 10 月第 1 版　2023 年 10 月第 1 次印刷
ISBN 978 - 7 - 5218 - 4914 - 1　定价：68. 00 元
（图书出现印装问题，本社负责调换。电话：010 - 88191545）
（版权所有　侵权必究　打击盗版　举报热线：010 - 88191661
QQ：2242791300　营销中心电话：010 - 88191537
电子邮箱：dbts@ esp. com. cn）

前　言 **Preface**

　　共同治理是大学治理现代化的发展趋势。教师参与治理是高校落实民主管理、发挥教师学术权力优势、提高学校治理水平的内在要求。尽管学校提供了校长信箱、民主座谈会等各种让普通教师建言的机会和渠道，然而现实中很多教师参与治理意识淡薄、建言行为积极性不高，在高校内部治理过程中教师参与治理的成效不佳。

　　目前，国内外大学治理相关研究对教师参与治理存在的问题和困境的分析主要从治理结构、政策制度等视角展开，认为不合理的治理结构和机制是阻碍教师参与治理的主要因素，而忽略了教师个体的主体性、能动性以及参与治理行为本身的复杂性。本书将研究视角转向教师个体，以教师建言行为这一参与治理行为为对象，以行为的影响因素为切入点，借鉴计划行为理论，从教师主体立场分析其建言行为的影响因素，以期为实施管理干预提供思路。

　　本书遵循实证主义研究范式，采用量化、质性与定性比较分析（QCA）相结合的研究方法和手段。首先，以计划行为理论为分析框架，利用浙江省 Z 校的小样本访谈获得教师建言行为的主要影响因素，构建了教师建言行为影响因素的结构路径假设模型、知觉行为控制对教师建言行为的影响机制假设模型和教师建言行为影响因素的组态模型。其次，结合访谈分析结果，设计开发了教师参与治理行为问卷，并选择浙江省和川渝地区分别作为东部及中西部代表实施问卷调查，共回收有效调查问卷 509份。利用描述性统计分析、结构方程模型进行了现状分析和实证检验，利用访谈文本分析和参与式观察讨论、解释定量研究结果。利用 QCA 从组态视角分析了高校教师建言行为的多重并发因果路径。最后，归纳分析了调查问卷中教师们所提的建议，结合实证检验结果、QCA 组态分析结果、访谈分析和对 Z 校的参与式观察，提出促进教师建言行为的激励策略。本书的主要研究发现有如下几个方面。

（1）高校教师建言的积极性、主动性和能动性不高，建言内容和渠道有限，建言行为意向不高，实际建言行为更少。

（2）高校教师建言行为主要受感知成就、主观规范、参与治理能力和行政领导沟通开放性的影响。行为态度、主观规范和知觉行为控制对行为意向都具有显著正向直接影响效应；感知成就对行为态度具有显著正向影响；主观规范对行为态度具有较大的影响，还可以直接影响行为；参与治理能力和行政领导沟通开放性影响了教师建言的行为意向及实际行为。

（3）高校教师建言行为具有多重并发条件。在行为意向阶段，积极的行为态度和较高程度的感知成就是促发行为意向的核心条件，行政领导沟通开放性和参与治理能力可以相互弥补。在实际行为阶段，建言行为意向对行为的驱动需要具备感知成就或行政领导沟通开放性这两大核心条件，而感知成就和行政领导沟通开放性都可以作为单独的核心条件直接促发建言行为。

（4）高校教师在学校治理中建言行为积极性不高，问题根源体现在学校的制度保障不力、行政领导的沟通开放性不够、教师的公共责任意识不强和教师的参与治理能力不足这几个方面。学校可从优化制度设计、加强学校氛围引导、提高行政领导沟通开放性三个方面，引导教师合法、合理、合情地建言。

本书以实践为导向，基于高校教师建言行为的分析，为优化教师参与治理的制度设计与组织文化建设提供了新的分析对象和实证支持。本书增加了影响行为态度的两个变量（感知成就和感知风险），提炼了建言行为的三个主要控制因素（参与治理能力、时间压力和行政领导沟通开放性），拓展了计划行为理论及相关变量的测量方法；在实证检验基础上增加了 QCA 组态分析，为高校教师建言行为提供了更具情境化的解释，丰富了教师参与治理领域的研究方法。研究发现，相比刚性的治理结构，行政领导沟通开放性等软性治理文化是促发和维持教师建言行为的主要因素，能弥补个体层面感知成就的不足，教师建言行为意向和行为之间的断层可以通过行政领导沟通开放性这一情境因素建立联结，这有利于后续研究更加关注治理文化建设。未来研究可进一步寻找其他的中介变量或调节变量，具体分析行政领导沟通开放性对教师建言行为的影响机制或调节机制，从而更深入地认识和理解教师建言行为背后的情境影响，提高教师参与治理研究的理论深度和实践广度。

目　录 Contents

第一章 绪论

　　共同治理是大学治理现代化的发展趋势。高校教师参与治理是发挥教师学术权力、落实学校民主管理、促进学校改革发展的理想追求，但在办学实践中面临难以有效落实的现实困境。从教师主体的立场出发，将研究视角从"结构制度"转向"教师个体"，挖掘教师建言行为这一参与治理行为的主要影响因素和作用机制，寻找规范性要求和实然性现状的差距，有利于高校优化激励策略，呼吁和引导更多的教师从沉默转向建言，从形式走向实质，从被动参与转向主动参与，营造相互尊重、相互信任的治理文化，提升教师建言在学校内部治理中的效能，进而提高学校治理水平，促进学校高质量可持续发展。

一、研究背景和意义

（一）研究背景

共同治理是完善现代大学制度、提高治理水平的内在要求，然而现实中教师参与治理的效能不佳，建言行为积极性不高。挖掘影响教师建言行为积极性的关键因素，可为管理干预提供思路。

1. 高校教师参与治理是提高学校治理水平、促进学校改革发展的理想追求

第一，从管理到治理，实现多元主体的共同治理是高校综合改革的战略选择。《国家中长期教育改革和发展规划纲要（2010－2020年)》明确提出完善中国特色现代大学制度，公办高等学校要坚持和完善党委领导下的校长负责制，探索教授治学，加强教职工代表大会建设。目前，我国已基本确立了"党委领导、校长负责、教授治学、民主管理"的大学治理结构。党的十八届三中全会首次提及"推进国家治理体系和治理能力现代化"。教育治理体系和治理能力现代化是国家治理体系与治理能力现代化的重要构成部分，也是教育改革的重要目标。2014年，时任教育部部长袁贵仁以推进教育领域治理体系和治理能力现代化为主题在全国教育工作会议上作了重要讲话，提出要最大限度地激发学校作为教育"细胞"的活力，完善学校的内部治理结构，推进学校依法办学。大学组织不断地谋求发展与变革是一所大学富有活力的表现（张红峰，2011）。管理不同于治理，从"管理"走向"治理"是大学发展的必然要求。管理是任务导向，强调管理者通过计划、组织、指挥、协调和控制等进行优化配置，完成具体的任务，注重自上而下的单向关系；治理则是战略导向，强调宏观决策和方向把握，注重协调大学各利益相关者的相互关系，是自上而下和自下而上的双向管理（李福华，2008）。大学治理体系包括外部治理体系和内

部治理体系，其中，前者针对大学、政府、社会的协调互动，后者关注高校内部权力运行规范（张衡和眭依凡，2020）。教师在外部治理中的角色和影响均由其在内部治理中的地位与作用决定（张坤和张雷生，2021）。当前高校内部治理中如何完善大学内部治理体系、提高内部治理能力、鼓励教师参与治理、实现多元共治是高校改革发展的重要着力点。

第二，教师参与治理是保障教师合法权利，落实高校民主管理的根本要求。大学治理需要均衡利益相关者的力量，与欧美国家大学强化行政管理的趋势不同，我国大学由于缺乏教授治校的传统，需要加强民主管理（顾建民和刘爱生，2011）。教师参与治理是法律政策赋予教师的权利。《中华人民共和国高等教育法》明确提出"高等学校应当面向社会，依法自主办学，实行民主管理"。大学的民主管理是我国国家性质的根本要求，也是我国民主和法制在大学治理中的具体体现。教师参与民主管理是法律赋予教师的合法权利。《中华人民共和国教师法》明确规定：教师享有"对学校教育教学、管理工作和教育行政部门的工作提出意见和建议，通过教职工代表大会或者其他形式，参与学校的民主管理"的权利。党的十九大报告指出，要"完善基层民主制度，保障人民知情权、参与权、表达权、监督权"。与此相呼应，2018 年初颁布的《中共中央国务院关于全面深化新时代教师队伍建设改革的意见》明确指出"建设现代学校制度，体现以人为本，突出教师主体地位，落实教师知情权、参与权、表达权、监督权"。

第三，教师参与治理是发挥教师主体性，提高学校办学绩效的内在需要。高校具有准自主地位、多模糊性目标、松散组织结构和多重权力结构等组织特性（陈廷柱，2012）。伴随着学校组织结构的去科层化和扁平化，分权式领导模式开始替代传统的集权式领导模式，过去推动学校发展的英雄式、官僚化的学校行政领导力逐渐衰减，迫切需要重视教师作为人的主体价值，而不是将教师物化为科层制模式下的管理对象（聂玉景，2016）。因此，在高校管理实践中，我们需要从对校长领导力的关注转移到对教师参与学校治理的关注，通过在实践中对教师赋权增能，提升教师领导力，激发教师的工作积极性和创造性。教师是高校的核心主体之一，是学校完成各项职能的关键实践者，完善学校治理结构、提高治理能力需要包括教师在内的多元主体的共同参与。鼓励教师参与学校治理，为教师赋权增能不仅是高校民主管理、实现组织可持续发展的重要举措，也是高校教师个体专业化发展、实现自身成长的必然要求。教师参与治理有利于发挥教师的专业优势和学术潜力，提高学校政策制度的科学性和有效性，促进教师对学校的价值认同和情感联结，进而提高学校的整体办学绩效和办学活力。

2. 高校教师参与治理面临教师权力弱化，参与治理效能不佳的现实困境

教师参与治理是历史发展和大学组织属性以及教师地位变迁的产物，体现了高校管理的民主，然而，理念层面上的民主与践行意义上的民主很可能是两回事（阎光才，2017）。大学内部教师、管理人员和学生分别对应学术权力、行政权力和学生权力（李福华，2007）。相对而言，大学共同治理或教师参与治理是美国等西方高校的办学传统，教师评议会、教师管理委员会等教师参与治理的组织支持机构相对完善和成熟，为教师发挥学术权力提供了基本的渠道和途径。当前国内高校普遍存在行政权力泛化、学术权力和行政权力失衡的状态，大学章程和内部治理的相关制度不够完善，教师参与治理未能有效落实。中国高校内部治理存在学术管理行政化，背离教育教学和学术规律，教师权力边缘化的行政问题（杨德广，2010）。迫于长期以来国内大学行政官僚体系的影响，普通教师在大学内部管理中处于弱势地位，面临地位滑落、权力真空、学术自由受限、参与管理有名无实、话语权丧失的现实窘境（姚敏，2015）。

研究者在日常工作中的观察发现，相对而言，学术委员会等正式组织形式的教师参与治理渠道主要集中在少数学术精英群体，普通教师拥有的更多的是民主形式的参与机会，包括教代会提案、各类研讨会和座谈会的意见征集等。学术委员会等正式组织形式的教师参与治理受到学术管理行政化的影响，学术权力仅局限于部分学术事务领域，难以对大学内部治理发挥应有的作用，教师参与治理的效能欠佳。民主形式的教师参与治理则往往具有一定的形式化，意见反馈和落实机制有待完善，教师的民主权利对学校决策的影响力非常有限。

3. 高校教师参与治理意识淡薄，建言行为积极性不高

建言行为是教师参与治理的一种具体行为表现，即教师参与学校内部事务决策，表达个人意见和建议的行为。与沉默相比，建言是教师主动参与学校治理、发挥主观能动性的行为表现。与离职和倦怠相比，建言是教师对工作现状不满的一种积极行动。建言是一种角色外行为，这种角色外特征是指个体拥有自由裁量权，即可以选择表达或沉默（卢红旭等，2020）。研究者在日常工作中的观察、与相关教师的交流中发现，尽管学校日益追求民主治理，提供了校长信箱、校领导接待日、发布意见征集通知和民主座谈会等各种让普通教师发声的建言机会与渠道，现实中很多教师依然沉浸于自身的"一亩三分地"，参与治理意识淡薄，甚至认为组织创新、大学治理只是学校领导的事；也有教师表示自己曾有过建言的经历，但并未获得期望的效果，还可能给领导留下不好印象，为避免给自己增添麻烦，索性选择沉默，主动放弃参与学校治理的权力和机会。

高校教师本应极具专业话语权，不少教师却选择了沉默而非建言。教师沉默会制约学校管理、抑制学术、阻碍教师人际交往、损害教师身心健康以及制约教师自身发展，其不利影响还会传递给学生（张颖，2016）。为什么明明有机会和渠道，很多教师还是选择沉默而非建言？如何充分发挥教师的专业能力和学术优势，调动教师参与治理的主动性和创造性，呼吁和引导更多的教师从沉默转向建言，提高学校的整体治理水平，是当前高校内部治理中的一大现实难题。

高校内部治理具有嵌入性和复杂性，将高校内部治理的视角从构建规范性的静态治理结构转向探索行动中的动态治理过程，更能提升治理的有效性（张衡，2020）。除了从治理结构层面拓宽教师参与治理的渠道和方式外，为教师赋权增能还要转变高校内部的管理模式，要从以往的"独白式"管理模式走向"对话与合作"管理模式（樊改霞，2018）。行政人员和教师的文化冲突、相互尊重和互惠互利关系的缺失影响了教师对学校行

政人员的信任，降低了其建言行为的积极性。随着高校管理工作越来越专业化，教师建言行为也受到教师个人能力、时间、精力等影响。在高校内部治理实践中，调查和分析影响教师建言行为积极性的关键因素，尤其是追踪组织情境因素对教师建言行为的影响机制，可为学校后续更好地进行管理干预提供方向和思路。

（二）研究意义

1. 理论意义

目前，高校教师参与治理相关研究重在基于结构制度视角的批判反思，缺少基于教师主体视角的问诊把脉。大多数研究将大学治理存在的问题归因于体制机制等结构性因素，认为设计和完善体制机制，为教师参与治理提供机会和渠道，教师参与治理的难题就能得到解决，然而现实中教师的行动逻辑并非如此简单。因此，本书将研究视角从宏观层面转向微观层面的教师个体行为，从教师主体立场综合考虑治理结构、治理文化和个人治理能力等对其建言行为（参与治理的具体行为表现）的影响。由于高校教师建言行为是一种理性的、计划性的行为，受到个人和环境多方面因素的影响，本书结合高校组织情境，借鉴并拓展了社会心理学的计划行为理论，对相关影响因素进行了系统性的分析和验证，可为研究教师建言行为提供一种整合性的视角。本书采用质性、量化与定性比较分析相结合的混合研究方法，基于浙江省 Z 校的小样本访谈，以浙江省和川渝地区分别作为东部及中西部代表实施问卷调查，在定量分析基础上进行 QCA 组态分析，系统分析和验证相关变量对高校教师建言行为的影响机制与组态效应，并结合浙江省 Z 校的参与式观察和实践反思，对相关研究结果进行解释和讨论，搭建起理论—检验—应用的桥梁，提出相应的对策建议。本书构建的高校教师建言行为影响因素的理论框架和问卷以及获得的高校教师建言行为的多重并发条件，可为其他学者后续研究提供参考，有利于丰富高校内部治理领域研究内容。

2. 实践意义

治理强调多元主体的权力平衡和利益互惠，然而当前高校内部治理中行政权力往往凌驾于学术权力，民主管理经常流于形式，教师群体的权力和利益难以得到有效保障。除了一些教师缺乏参与治理的意识和能力外，现实中不少教师却是主动放弃参与治理的权力和机会，在行政的规训下默认自身在大学治理中的边缘化地位。面对高校教师参与治理的现实困境，本书以实践为导向，将关注焦点从外部结构转向行为主体。从教师的立场出发，通过挖掘教师沉默背后的影响因素，尤其是对行政人员的沟通开放性等组织情境因素对教师建言行为的作用分析，寻找规范性要求和实然性现状的差距，提出促进教师建言行为、提高学校治理水平的对策建议。本书尝试解构教师建言行为积极性不高的问题根源，分析可能的突破向度。为了提高激励策略的科学性和合理性，本书还归纳分析调查问卷中教师们所提的建议，以期更全面地了解教师群体的诉求。本书有利于高校转变治理理念和管理风格，立足办学实践，回应教师合理诉求，进一步优化治理结构和相关制度设计，丰富教师建言的平台和渠道，提高教师参与治理的意识和能力，呼吁和引导更多的教师从沉默转向建言，从形式走向实质，从被动参与转向主动参与，从而凝聚群体智慧和力量，融合学术文化和行政文化，提升教师建言在学校内部治理中的效能，营造相互尊重、相互信任的治理文化，共同推动学校的高质量可持续发展。

二、文献综述

建言属于参与治理的一个方面，关于教师建言的现有研究较少，故除了梳理教师建言文献，本书也综述了大学共同治理、教师参与治理方面的文献。目前，国内外相关研究主要包括大学共同治理的意义、大学治理中的教师参与现状、教师参与治理的影响因素和教师建言行为四个方面。

（一）大学共同治理的意义

目前学界对共同治理的意义存在争议，大部分学者从合法性和合理性角度认同共同治理的价值，对教师参与治理持积极态度，也有少部分学者从决策效率和利益冲突等方面质疑共同治理的意义，对教师参与治理持消极态度。

1. 共同治理对学校发展的促进作用

共同治理本质上是参与式治理，即不同利益相关者共同参与的治理（叶文明，2017）。1966 年美国大学教授协会（American Association of University Professor，AAUP）、美国高校董事会协会（Association of Governing Boards of Universities and Colleges，AGB）与美国教育委员会（American Council on Education，ACE）联合发布的《大学治理宣言》首次提出大学应实行共同治理，董事会成员、教师和学生等利益相关者具有参与学校事务的权力，大学应实现权益分配的均衡状态（张伟，2017）。学者们认为参与治理是教师等大学利益相关者应该具有的权益。李福华（2007）认为大学是一种典型的利益相关者组织，没有人能行使独立控制权，大学的决策必须权衡和兼顾各方利益相关者的利益，并将大学利益相关者分成了四个层次：第一层次是核心利益相关者（教师、学生和管理人员）；第二层次是重要利益相关者（校友和财政拨款者）；第三层次是间接利益相关者（与学校有契约关系的当事人，如科研经费提供者等）；第四层次是边缘利益相关者（当地社区和社会公众）。刘恩允（2012）将大学的利益相关者分为两类：内部利益相关者（行政管理人员、教师、学生）和外部利益相关者（企业、家长、社会公众、出资者等），认为大学需要统筹兼顾各方利益，在诸多利益主体之间寻求动态平衡，达到"帕累托最优"的理想公正状态。

学者们认为共同治理对于高校的民主管理、改革发展和质量文化等方面具有很大的促进作用。高校内部治理改革的重要目标是实现管理的民主化、科学化和现代化，这需要高校内部利益相关者的共同奋斗和努力（李思瑶，2019）。蔡连玉和李海霏（2020）梳理分析了 1949～2018 年有关高校内部治理的政策文本，认为在坚守现有大学领导体制的基础上，尊重学术权力，促进管理现代化，在法治的基础上实现多元共治之"善治"是高校内部治理改革的趋势。肖柯（2018）认为单边治理发展到利益相关者多元治理是大学治理理论和实践发展的合理结果。张洪娟（2020）认为超越传统的治理方法，走向共同治理模式是推进大学管理改革的必然要求。还有学者从大学文化的视角认为共同治理是大学文化不可或缺的一部分，因为它既是实现目标的手段，也是保持和重视目标的手段（Johnson A L et al.，2017）。学者们结合高职院校"双高"建设需要，认为国家"双高计划"项目建设要求最大限度调动广大高职院校师生参与建设的主动性、积极性和创造性（徐兴旺等，2020），"共治"能为高职院校治理水平的提升提供行动方向（李政，2020）。有学者研究发现良好的大学治理强化了教师组织公民行为与大学绩效之间的关系，发挥了中介作用（Munawir M et al.，2019）。高校教师积极参与决策和制定教育政策、程序及责任已被现实证明有助于克服自上而下的质量管理方法造成的教师不情愿，培育质量文化（Bendermacher G et al.，2017）。良好的沟通渠道与机制有助于高等教育机构的管理咨询、互动和告知师生有关政策和战略方向（Sutic I & Jurcevic M，2012）。广大师生对教育质量的合作和共同承诺有助于建立高校的学习型组织环境（Haapakorpi A A，2011）。有学者对美国公立大学的研究发现，共同治理保障了学术自由，通过权力制衡保证了决策质量，发扬了校园民主（付晓健，2017）。

2. 教师参与治理的必要性

学者们从教师权力、优势和能力的角度强调了教师参与治理的必要性。布鲁贝克（Brubeck，2001）在《高等教育哲学》一书中指出，大学追求高深学问，自治是高深学问最悠久的传统，只有学者能够深刻理解其复杂性。赵小焕和眭依凡（2019）认为大学教师作为教育者拥有学术自由权、参与学校民主管理权和申诉权等。孟新和李智（2018）从文化资本的视角认为，发挥教师文化资本的优势和权威，让教师广泛参与决策是构建良好的大学内部治理格局的有效途径。吴艳云（2020）从人力资本的视角认为，作为高校最核心的人力资源，教师的有效参与是发挥人力资源优势、提升学校治理水平的关键。强调教师的决策参与权可以改善教师与行政人员之间的关系（Redmond R W，2007）。胡娟（2021）认为中国研究型大学尚未形成一个成熟的学术共同体和必要的学术共识，大学治理过度行政化和功利化，在高等教育普及化时代，不仅需要政府落实大学的办学自主权，还需要大学自身有意识地"补课"，增加学者参与大学治理的机会，发挥学术机制作用，走向符合时代要求的学术治理。张继龙（2017）认为高校是"有组织的无政府状态"的学术组织，教师参与治理是与行政人员的制衡，是对学术质量的监控。国外有学者研究发现教师参与治理的强度与学校财务绩效之间具有积极的关系（Cunningham B M，2009）。

3. 参与治理对教师自身发展的促进作用

学者们认为教师参与治理对教师自身发展和成长也有较大的促进作用，参与治理经历有助于教师们提高工作积极性和满意度、提升个人的领导力和创造性等。教师参与大学治理不仅是实现大学治理高效化与科学化的保障，而且提升了高校组织氛围，满足了教师自我实现与专业化的需要（高永新和沈浩，2016）。有学者研究发现学者参与学术决策对其工作投入和工作满意有显著正影响（Johnsrud L K & Rosser V J，2002）。教师参与治理有助于形成理性的决策方案、提升决策的可实行性、提高教师工作的积极性与创造性（徐祯，2018）。认可、支持和参与决策能激发教师的持续性动机，有利于促进教师积极的教学行为实践（Watt H M & Richardso P W，2020）。有学者对美国西南部一个大学园区的调查研究发现，参与式教师研究是教师专业发展的一种积极、协作的手段，教师通过参与治理，表达意见和建议可提高教学效能（Henson R K，2001）。有学者对沙特阿拉伯高校女教师的调查研究发现，高介入工作过程与组织整体承诺高度相关，尤其是其中的持续承诺维度（BinBakr M B & Ahmed E I，2019）。林杰（2018）从教师组织发展的角度认为，当前大学教师发展项目以教学发展为主，往往重在提高教师的教学技能，缺乏对教师的领导和管理能力的培训，忽略了对教师的领导者和管理者角色培育。有学者研究发现教师参与内部治理可以提高个人的领导与管理能力（Scribner J P et al.，2004）。全球高等教育进入了一个绩效问责时代，基于问责的评价抑制了教师工作的创造性，迫切需要从问责转向信任（张应强和赵锋，2021）。只有主体性赋能才能产生高等教育的长期效益，未来的高等教育使命在于充分发挥个体的创造性，最终实现合作与信任的人类命运共同体（鲍俊逸，2021）。秦惠民（2009）认为参与治理有利于培育教师的主体理性，使孤立的个体性主体变为交互性主体，建构一种恰当的主体间性，通过沟通达成相对统一，协调和平衡个体理性的偏执以及对自我利益的不恰当过度追求。

4. 大学共同治理价值的批判性反思

教师参与治理的正当性、目的、能力和效益等也受到了质疑，学者们对共同治理的价值进行了批判性反思。国内有学者认为美国大学教师参与共同治理陷入"合法性危机"（张伟，2017）。国外也有学者认为共同治理正受到一种企业式商业模式的挑战，这种模式更关注财政结果，而不是学术追求及其独立价值（McDaniel M，2017）。也有学者对高校教师参与管理行为进行了利弊分析，认为高校教师参与管理有利于弥补管理人员获得更加有效、丰富的信息，监督管理人员的管理实效，提高学校决策的科学性和合理性；有利于加深教师对管理决策的理解以及认同，增强高校教师的使命感以及责任感；有利于营造互相支持的和谐氛围，促进教师与管理人员之间的信任。同时，教师参与管理也具有消极意义：教师面对压力容易对管理人员妥协，未能实质性参与治理；教师缺乏参与管理的时间精力和能力，影响了决策效率和质量；等等（宁芳，2016）。有学者从学术机构环境保护的角度，肯定了共同治理的价值，认为尽管教师参与共同治理可能会使高等教育的改革推进更加困难，然而这是好事还是坏事是意识形态的问题，不是我们是否想让治理更有效，而是我们是否想保护真正的学术机构环境，如果答案是肯定的，那么共同治理是一个必要的先决条件

（Birnbaum R，2004）。也有学者认为，高等教育的效能基于可靠性和信任而不是效率和速度，教师的参与可能会增加决策时间，但通过集体讨论可以营造一种秩序与稳定感（刘爱生和金明飞，2021）。有学者研究发现教师参与治理的价值跟教师参与的领域息息相关，在控制其他因素的情况下，教师更多地参与有关任命和任期的决策，对衡量大学绩效有积极的影响；教师更多地参与一般行政决策对绩效有负面影响；教师更多地参与课程决策对绩效没有影响（Brown W O，2001）。高校教师参与治理具有明显的有限性，无论哪种参与途径都只能局限在有限的范围和内容上（张坤和张雷生，2021）。面对大学治理的企业化倾向和共同治理的争论，有学者基于美国四项全国性的研究报告的比较研究，认为管理者和教师的关系总体上倾向于合作或有冲突的合作，共同治理在实践中有其存在的合理性，并没有出现重大危机（张熙，2018）。

（二）大学治理中的教师参与现状

学者们基于经验思考和问卷调查针对大学治理中教师参与治理的主体、渠道、内容及程度等进行了研究，并分析了存在的问题。

1. 教师参与治理的主体和渠道

学者们研究发现，身份地位较高的教授群体是目前高校教师参与治理的主体，普通教师参与治理的机会很少，参与治理的渠道也很有限，参与期望与实际参与情况差距较大，不少教师主动放弃参与的机会。

除了具有一定身份地位的教授，其他大部分的普通教师也是大学的利益相关者。2012 年 11 月，美国大学教授协会通过了《把 CF 纳入大学治理主体》的报告，明确提出，参与治理是全体教师的权利与责任（段俊霞，2016）。有学者调查研究发现，高校内部学术决策的等级特征非常明显，党政核心领导处于核心层，其他行政领导处于中心外层，无任何行政职务的专任教师则处于边缘层，在各项学术决策中的参与率明显低于党政领导（张继龙，2017）。大学行政化治理危机的"解药"不应被高度技术化地窄化为"教授治学（校）"和"民主管理"，而应是教师参与大学治理（王绽蕊，2016）。在积极推动教授治校、教授治学的同时，也要关注广大普通教师，让他们愿意发声、能够发声，并能够得到应有的回应。新教师是院系发展的未来，学校要将新教师视为对未来的一项重要投资，在学校共同治理中给予平等对待（Gardner S K，2019）。

有学者对来自 750 多所学院和大学的 3800 多名美国大学教师的调查发现，大多数教师强烈支持共同治理，超过 80% 教师认为共同治理是其机构价值观和身份的重要组成部分（Tierney W G & Minor J T，2021）。有学者以巴基斯坦公立大学为对象，从"院长的作用""教师的作用""董事会的作用""联合决策的作用"四个指标评价共同治理，调查教师对共同治理的态度，研究发现性别在共同治理四个指标上都有显著差异，教师职位在共同治理的"院长角色"和"联合决策的作用"指标存在显著差异（Shah S et al.，2014）。长期的行政单极化形成了大学的政治惯习，实现"共同治理"的主要任务是提升教师在内部治理体系中的影响力（董向宇，2019）。有学者通过对一所大学的调查研究发现，多达 70% 的教师认为"参与也不会影响决策、浪费时间"，近半的教师认为"可能会得罪人，不想掺和"（杨薇，2014）。有学者对地方高校的调查发现，71% 被调查教师不太愿意主动参与学校管理，偶尔参与学校管理的占 42.5%，未参与学校管理高达 45.5%（宁芳，2016）。有学者对高职院校教师参与治理的调查发现，虽然教师具有较强的参与治理意识和意愿，但实际参与治理行为缺失、参与度较低（赵学瑶和邢丽，2018）。

蒂尔尼（William G. Tierney，2004）认为，高校的参与治理模式可归纳为四种：法定模式、象征模式、协商模式和沟通模式。朱贺玲和梁雪琴（2021）分析了西方大学的四大经典治理模式：同僚治理、科层治理、共同治理和企业治理。宁芳（2016）将教师参与管理方式划分为制度参与管理和随机参与管理两种，前者是指根据某种程序以及规范参与管理，如在教师职工代表大会和各类研讨会上提出意见和建议等；后者是指没有固定程序的偶然、随机地参与管理，如学校行政领导和管理人员召开座谈会征询教师的看法与建议等。叶文明（2017）根据"组织性"要素和"制度性"要素，把教师参与大学内部治理的渠道划分为"有组织—有制度""有组织—无制度""无组织—有制度""无组织—无制度"四种类型。张坤和张雷生（2021）将高校教师参与治理的途径分为正式组织和非正式组织两种，其中正式组织主要指学校和院系的教职工代表大会、教学与科研相关学术组织、民主党派与社会团体等。有学者认为，不同于教师非制度化参与的不合法、非理性和情绪化，教师制度化参与是教师合法、有序参与学校管理的行为，是学校民主管理的重要组成部分（张清宇和苏君阳，2017）。有学者通过对 6 所高校的问卷和访谈调查发现，84% 的教师认为美式行政—学术共同治理是大学内部治理的理想模式，且 58% 的教师渴望参与学校治理，但正式组织渠道有限，非正式组织渠道象征意义大于实际意义（陈金圣等，2013）。

2. 教师参与治理的内容和程度

学者们研究发现，教师参与治理的内容以学术事务为主，参与程度以知情和单方面的表达意见为主，实质性发挥作用较小。

布雷杰斯（Eduim Bridges）提出"认可区"模式，"认可区"是指教师绝对同意管理者的决策并愿意按指示行事的范围。认可区内外的划分按照相关性原则（决策的内容与教师自身利益的相关性）和知识性原则（教师自身是否具备决策相关的知识或能力），认可区内（低相关、低知识）的决策不需要教师参与，只有决策处于认可区外（高相关、高知识）才是必须参与的（冯捷，2019）。毛金德和朱国利（2021）将"教师参与大学治理"与"教师参与大学决策"视为同义，认为教师参与大学治理即教师参与大学事务决策的结构和过程，参与主体、参与方式以及参与程度基本由行政主导，教师只能有限参与工具性和边缘性事务决策。宁芳（2016）将高校事务分为三部分：后勤保障事务（后勤处分管）、行政事务（校长办公室分管）、教学事务（教务处分管）。郭娇和徐祯（2018）将高校教师参与治理分为"聘用考核""收入待遇""人才培养""科研活动""院校发展"五个维度共 39 项具体事务，调查研究发现，高校教师对科研活动的参与意愿最高，对院校发展的参与意愿最低，对人才培养的实际参与行为最多，对收入待遇存在"意愿高"但"参与低"的现实反差。张继龙（2017）调查发现，教师对学术决策的参与意愿较强，但实际机会偏少，参与率较低，参与内容主要在人才培养方案制定和学科建设方案制定方面。琼斯（Willis A. Jones，2011）对高校教师参与治理相关研究的分析发现，不管是研究型大学、哈佛商学院和社区学院，教师权威集中在学位要求、课程、任期、任命和学位提供等领域，教师在机构预算和其他非学术事务等领域的影响力都较小，并对教师在治理中的影响力集中在这些领域提出了疑惑：究竟是因为它们是教师最熟悉的领域，还是因为它们是教师被允许施加影响的领域。

教师参与的程度是指教师参与的广度和深度，包括教师是否参与学校的每一项事务，以及在何种深度上参与这些事务（姚秋兰，2016）。学者们借鉴公民参与程度相关理论的标准框架对教师参与程度进行分类。姚秋兰参照阿恩斯坦（Sherry Arnstein）的公民参与阶梯理论，将教师参与治理的性质分成"实质性的参与""形式化的参与""无参与"三种类型，其中"形式化的参与"包括"了解情况""代表替代""表达意见"三个层次，"实质性的参与"包括"协商"和"合作"两个层次（姚秋兰，2016）（见表1－1）。

表1－1　　　　　　　　　　教师参与治理的层次

参与性质	参与层次	内涵
实质性的教师参与	6. 合作	与学校管理层合作，共同设计、讨论和决定相关事宜
	5. 协商	不仅可以表达意见，还可以和学校管理层讨论、交流、协商，意见和想法得到反馈
形式化的教师参与	4. 表达意见	通过信箱、讨论会、咨询会等方式亲自表达自己的意见，但只是单方面表达，没有得到学校管理层的反馈
	3. 代表替代	通过民主选举，由大家选出代表替自己去行使参与的权利
	2. 了解情况	通过学校宣传、同事谈论等正式或非正式的方式知道具体情况，但无机会表达自己的看法（若参与讨论表决的教师代表不是民主选举产生也属此类）
无参与	1. 无参与	完全不了解

资料来源：姚秋兰. 中小学学校治理中的教师参与问题研究［D］. 上海：华东师范大学，2016.

宁芳（2016）将地方高校教师参与治理程度分为五档：不参与、知情、参与提意见、参与设计方案、参与方案决定。其针对云南财经大学的调查研究发现：绝大多数被调查人员实际参与学校管理的程度停留在不参与或者知情层面上，参与提意见的比例相对较小，参与设计方案和参与方案决定更少。刘芳（2018）亦借鉴阿恩斯坦的公民参与阶梯理论，将大学内部教师参与教学改革分为"无参与""形式化的参与""实质性的参与"三种状态，其中"形式化的参与"包括"了解情况"和"表达意见"，"实质性的参与"包括"参与设计方案"和"参与方案决定"。

3. 教师参与治理面临的困境

学者们分析了高校办学实践中教师参与治理所面临的困境，认为教师参与治理存在一定程度的形式化，治理成效不佳。

教师参与治理的困境体现在政策环境、学校制度和教师参与能力等方面。刘尧（2017）认为大学内部治理面临亟待突破的八大困境：治理结构的认知困境、由人治到法治的转变困境、学术权力与行政权力的平衡困境、治理制度的落实困境、治理机构的重建困境、治理主体的确权困境、治理部门的运行困境和治理成效的监督困境。尽管美国的"共同治理"管理模式为教师参与战略规划提供了制度基础，但实践中教师参与作用并未能达到其预期的目标和效果（黄艳霞，2014）。美国公立大学共同治理面临的困境主要体现在教师参与度低、大学的市场化及公司化趋势严重及共同治理本身效率低下等方面（付晓健，2017）。在"双一流"大学建设背景下，教师参与学科治理面临着学科发展自主性与学科管理行政化、学科治理民主性与教师权责边界模糊、学科治理理性价值与工具价值等多重矛盾的现实困境（杨超，2018）。当前高校教师参与治理存在教师主动性参与管理较少、相关制度实施效果不佳、民主管理环境氛围不够理想、教师参与能力不足、学校管理机制不健全等现实困境（宁芳，2016）。依法治校、学术自由、民主管理是现代大学制度的主要内涵，然而当前教师参与高校治理的制度存在较大缺陷，使得参与治理的渠道不畅（许谦和叶忠，2018）。

教师权力未得到有效的制度保障，在内部治理中的主体地位难以落实。教师作为大学内部最重要的利益相关者，理应享有参与学校内部治理的权力，然而事实上教师治理权力实现程度较低，教师权力停留于教授权力，学术权力停留于咨询审议，民主治理和监督权力停留于制度（仰丙灿，2017）。有学者对41所"双一流"大学的章程文本内容分析后发现，教师对学校重大决策工作的知情权、参与权、建议权、监督权等都是宪法规定的教师应享有的权利，然而很少有高校在章程文本中提及（赵小焕和眭依凡，2019）。权力配置失衡、学术权力缺乏实质性的话语权是目前我国大学内部治理中最突出的问题（谭晓玉，2015）。目前，高校教师参与治理的制度设计主要面向学术委员会等教授治学相关组织机构、教代会等民主管理相关组织机构，重在设计这些组织机构的功能和运行规定。组织架构不等于治理结构，避开治理主体去谈组织架构设计无助于大学形成完善的治理结构和学术至上的质量治理文化（王绽蕊，2016）。

国内高校办学自主权不足，学校内部行政权力泛化，教师参与治理走向形式化。学术权力和行政权力是高校内部治理的两大权力，很多研究将政治权力与行政权力合一起，未做严格区分。周作宇等认为尽管大学治理实践中行政和政治没有明确区分是客观现实，但是不能脱离政治讨论中国大学治理问题，据此构建了学术治理模型、行政治理模型和政治治理模型三种大学治理模型，并根据权力大小演化出了六大模式（周作宇和刘益东，2018）。资本主义治理模式正在加大教师和行政人员之间的治理差距，尽管根据政策教师有发言权，但教师们觉得在治理过程中他们的声音没有被听到，不成文的治理规则似乎比政策更有力，这导致了不信任、沟通不畅、不明确的期望和疲惫的选民表态（McDaniel M，2017）。在"政府—大学—教师"权力链中，政府简政放权只是为促进教师参与治理提供了潜在空间，教师参与治理的权力空间由大学自身决定，高校行政部门几乎垄断了最为核心的制度性决策权，主导着教师参与的渠道和是否给予采纳与反馈，教师只是被动接受"赋权"（毛金德和朱国利，2021）。治理不能仅停留在形式，正如有学者所言，如果工具性形式不能为实质性治理作出贡献，那么这种好看好听的治理形式就值得质疑（李立国，2016）。

（三）教师参与治理的影响因素

学者们基于理论思辨和实证调查分析了教师参与治理的影响因素，综合来看，教师参与治理既受到制度和文化的影响，也受到教师个人因素的影响。

1. 制度因素

目前教师参与治理的研究主要关注在制度层面强化教师参与治理的权利。有学者认为只有建立教师参与治理的可持续性的制度保障，明确各参与方的职责权限，赋予教师真正意义上的话语权，才能有效实现教师参与治理（吴艳云，2020）。教师参与治理需要完善党委会领导制度、教师代表大会制度，加强学术委员会制度和基层学术组织建设等（徐祯，2018）。大约90%的美国四年制院校都有参与大学治理的教师管理委员会（Minor J T，2004）。治理是教师为学校服务的一个主要部分，并得到美国大学教授协会、国家教育协会和美国教师协会等组织的大力支持（Kezar A & Eckel P D，2004）。我国大学共同治理的沟通渠道和方法，相应的制度保障尚不够完善，教师代表大会、工会等渠道和平台的作用非常有限（张洪娟，2020）。有学者通过一所大学的案例研究发现，校学术委员会在学术治理中徒有形式，扮演了旁观者角色，甚至成为最大的"橡皮图章"（张端鸿等，2020）。

学者们认为相关制度的欠缺限制了教师参与治理的渠道。现代大学制度具有依法治校、学术自由和民主管理的基本内涵，当前教师参与治理的制度还存在较大的缺陷，导致了教师参与治理的渠道的不畅通（许谦和叶忠，2018）。有学者对 S 大学的调查研究发现，认为"参与途径少"的教师人数比例高达 82.3%，对于相关的政策法规知道一点甚至更少的占79.6%（曾增，2017）。有学者对 C 大学教师参与治理最大障碍的调查研究发现，缺少参与信息的获得得到了较多教师的支持（占 34.8%），其次是参与途径有限（占 24.6%）、党政集权（占 20.2%）和受学校组织机构设置束缚（占 14.3%），也有少部分教师认为参与程序太复杂是最大障碍（占 3.5%）（陈美如，2017）。为改进当前大学治理中出现的"科层—熟人"混合管理模式，应吸纳"有能力的人"参与大学管理，建立广大教师参与大学治理的途径（李思思和李莎莎，2021）。面对高校治理中的不满，除了直接被动退出，高校教师的呼吁行为也是一种选择。教师通过呼吁表达了对改变组织现状的意愿，但是呼吁的效果取决于组织内部是否存在畅通的呼吁机制和呼吁渠道（龙献忠等，2014）。在高校内部治理中，应建立教师诉求表达与反馈快速通道，通过制度性规范来保证秩序和责任担当，可以减少教师诉求表达的偏离行为（季卫兵，2015）。明确广大师生建议、质疑、诉求的回应程序，确保民主不是走过场，才能保障民主参与积极性（仰丙灿和张兄武，2019）。教师和行政人员之间信息共享（陈美如，2017）和高校管理信息渠道（宁芳，2016）是教师有效参与治理的必要条件。有学者基于 A 大学的案例研究发现，二级学院内部信息不公开、不透明、不确定导致教师未能及时关注学院发展动态，难以有效参与学院治理（赵小焕和眭依凡，2021）。

　　教师参与治理相关制度是否考虑教师的主体性和能动性影响了这些制度的有效性。制度变革成效既依赖于技术环境（正式约束），又依赖于规范环境（非正式约束）。前者偏重于制度的合理性，主要指制度本身在设计上的科学性和严谨性；后者强调制度与个体的契合性，即制度能否同制度客体的价值认知和行为模式等相契合。任何制度在实施过程中都可能产生一定程度的扭曲，甚至偏离了价值初衷（张伟和张茂聪，2020）。制度文本的落实过程中往往伴随着教师参与大学治理的权力消减（王绽蕊，2016）。大学治理实践受到情、理、法多种因素的制约，相对抽象的合法性制度规定，情和理更加具体和鲜活，也更容易打动他人，对治理实践的影响力更大（李立国，2016）。大学治理是整合大学内部个体工具化效用，发挥整体能效，因此要激发而不是压制大学内部个体的能动性（李思思和李莎莎，2021）。角色的澄清、信任和问责、规范和价值观等影响了大学教师参与治理的有效性（Kezar A & Eckel P D，2004）。高职院校内部治理本质上是一种利益相关者共同参与、协同行动和相互制约的共同治理，教师是学校的主要利益相关者，应以教师激励制度为逻辑起点，将管理对象变为治理主体，实施连带责任激励（唐宁，2020）。教师们抵制基于问责制的评估实践，认为这不符合学术自由或其学科内的真正教学。当受到权力入侵时，教师会有意或间接地运用他们的专业知识和批判性训练来抵抗。完善评估制度，让教师按照自己的方式接受评估，可以加强他们在大学治理中的作用（Buhrman W D，2015）。

2. 文化因素

除了制度因素，学者们认为文化的因素尤其是行政人员和教师的关系、行政领导的领导风格也影响了教师参与治理的积极性。治理制度是大学治理变革的抓手，但是制度的合理性需要与师生所共享的大学文化相匹配，文化既能赋能制度，也能阻碍制度功效的发挥（眭依凡等，2021）。治理结构不等于治理实践，应区别治理结构与治理文化（张熙，2018）。大学文化是大学教师、行政人员和学生等利益相关者基于传统及日常交流的价值观与信仰（Fralinger B V，2007）。保持所有大学内部所有者之间沟通的文化比僵化的结构更重要，共同治理是一项持续的任务，这取决于找到维持和深化信任与理解关系的结构及程序（Heaney T，2010）。有学者针对马来西亚大学教师的研究发现，组织文化与绩效考核相关，并对教师的组织公民行为有显著影响（Teh C J，2012）。大学不仅仅是一个教师和学生一起工作与学习的物理空间，更应是一个具有凝聚力的文化共同体，然而认同感和归属感的缺失难以真正建立文化共同体（张洪娟，2020）。教师参与治理需要寻求文化认同，应遵循价值理性的精神文化取向、权力均衡的制度文化取向、自觉自为的行为文化取向、以人为本的环境文化取向（郑云，2021）。文化既是治理对象又是治理工具，当前中国大学内部治理最严重的问题在于只是从技术层面思考大学的制度设计，没有给予精神文化建设足够的关注和重视。相对制度文化的"硬治理"，精神文化的"软治理"才是推进大学内部治理体系和治理能力现代化的重要法宝（吴立保，2020）。也有学者从伦理德性的视角认为，伦理德性体现了大学的文化生命力，促进了大学内部治理的道德化，大学的善治需要创设正义公平、和谐有序、美好向善的大学伦理环境和道德文化（赵荣辉和金生鈜，2019）。

行政人员和教师的文化冲突影响了教师参与治理。冲突是一种极为常见的社会现象，利益多元化与资源稀缺性的矛盾引发了高校行政管理人员与教师之间的控制与反控制冲突（丁福兴，2014）。大学决策中的矛盾较少是由于权力冲突导致，更多的是源自文化和价值观的冲突，理性、共识及公开的协商民主可缓解大学教师和行政人员之间的文化冲突，帮助两者在对话和讨论中达成共识（郭卉，2012）。大学内部的权力结构存在"差序格局"，协商民主被核心层操纵，抑制了普通教师等弱势群体平等参与、自由表达意见的权利与热情，迫使他们被动选择沉默（章宁等，2018）。高校内部复杂利益相关者的思想共识是提高民主决策水平、实现有效治理的前提（陆韵，2018）。教师和行政人员具有不同的价值观，在治理过程中难免存在冲突。行政人员的核心价值是绩效，而作为学术人的教师其核心价值观是学术治理，本能地抵触管理和绩效（李立国，2016）。与教师工作的焦点如关注个人生产率、出版物和个人教学的卓越相反，行政人员认为他们的角色是为集体利益服务的，如公平分配资源、提高机构知名度和公众形象，以及总体上改善机构绩效，他们高度珍视的价值之一是制度运行的效率（Favero M D & Bray N，2005）。有学者从制度—生活的视角解释了中国大学内部治理的微观动力机制，认为大学内部治理由制度人和生活人共同塑造，表现为制度设计和师生日常生活的相互渗透与相互建构关系。以校长等行政领导为代表的制度人出于管理本位，追求组织发展利益；而以普通教师为代表的生活人则是个人本位，追求个人职业发展利益（罗志敏等，2019）。学术资本主义作为一种管理模式、生产方式和文化系统，影响了美国大学治理的结构和模式。有学者研究发现学术资本主义和大学行政化对教师工作态度具有消极影响，组织政治环境认知造成了教师的工作疏离感，进而影响其工作绩效（于海琴等，2016）。行政人员和教师之间并非完全对立和冲突。有学者通过对合作水平、对校园变化的影响和影响类型进行评级来评估学校的共同治理文化（积极的、消极的或中性的），调查结果表明，教师和行政人员相似多于不同，这两个群体都认为他们当前的领导文化主要是家族性（合作、价值驱动和参与）

和等级性（官僚、僵化和缓慢变化）。两组人都表示，他们更喜欢一种家族性和灵活性（创新、适应性和响应性）、更少等级性的文化（Mills E E，2014）。

行政人员和教师之间的沟通、相互信任和尊重影响了教师参与治理。大学既是"理性系统组织"又是"文化政治系统"，除了完善的治理结构，通过协调与协商建立起的组织信任是影响治理效果的重要因素（李立国，2019）。信任包括能力、开放、仁慈（关心）和可靠性四个维度，影响了教师参与治理的有效性（Pope M L，2004）。建立信任和相互尊重的关系能够增强高校共同治理，减少企业文化和高等教育文化冲突可能会给这种关系带来挑战（Kater S T，2017）。教师与管理人员之间的人际冲突是大学内部最基本的人际冲突关系，大学治理尤其需要强化沟通机制，将分散的个体联结起来，交流和传递信息，增进理解和信任（刘晨飞和顾建民，2018）。有学者基于博弈论的研究认为，行政人员和学术人员双方缺少普遍的信任与合作基础，大学内部行政人员和学术人员的期望价值均衡聚焦于彼此的信任与合作（张红峰，2018）。教师参与治理的核心价值理念是通过善治达成相互信任、共同目标、利益平衡的思想共识，使教师充满自主感、胜任感和归属感（吴艳云，2020）。完善大学内部治理，要打破学术权力和行政权力非合作博弈现实困境，促进学术人员和行政人员之间的信任与合作，最终实现"共治"（王绽蕊，2016）。大学治理中的所有各方都越来越关注影响、感受和代表性，不仅是真正意义上的影响、感受和代表性，还包括信任程度、有意义的参与及对其专业知识的尊重（Crellin M A，2010）。有学者通过三个社区学院的案例研究发现，信任、交流和领导力是影响创业型社区学院共同治理的核心要素。学院和行政部门之间的合议和相互尊重是信任的促成因素，这是缩小治理差距和走向强有力的共同治理模式的关键（McDaniel M，2017）。

行政人员和教师共同承担责任、互惠互利关系促进了教师参与治理。有学者研究认为行政人员与教师之间缺乏沟通和信任、缺乏有效的领导、没有明确的责任分配等阻碍了教师参与大学战略规划（黄艳霞，2014）。有学者调查了四所研究型大学的共同治理过程，发现创建良好的共同治理的责任是由教师和管理人员共同承担的。教师有责任将学校问题作为优先事项，有准备地、知情地来到谈判桌前，行政人员负责创造良好运作的环境，利用教师的优势，探索制衡系统（Eckel P D，1999）。教师和行政人员之间的奖励与互惠是促进两者之间社会互动的核心。教师获得的社会回报可能是与行政人员增加信息交流、与行政人员建立良好关系，以及知道他们自己的专业知识受到重视，他们的时间价值受到尊重（Reneau F H & Favero M D，2015）。有学者对美国中西部一所大学的调查研究发现，教师参与治理缺乏认可和奖励，理想与现实不符，既没有回报，也没有问责（Johnson A L et al.，2017）。

行政领导的认可和支持影响了教师参与治理。有学者认为，大学组织缺乏凝聚力，以交易型领导为主的领导行为是影响教师参与治校的重要因素（刘爱生，2020）。也有学者认为，高校管理人员、高校民主管理氛围是影响高校参与治理的重要因素（宁芳，2016）。权力距离感在高校组织中更多地表现为行政权力与学术权力之间的距离感。有学者通过对 5069 名高校教师的调查研究发现，学术权力的感知能够显著并直接抑制其离职倾向，组织认同具有中介作用（杜嫱和刘鑫桥，2019）。斯托克（Gerry Stoker）的公民参与治理模型（CLEAR）认为促进公民参与的因素包括"能够做（Can to）""自愿做（Like to）""使能做（Enable to）""被要求做（Asked to）""回应去做（Responded to）"。有学者根据斯托克的模型研究发现，让教师感到自己的声音被倾听且能得到回应是影响其参与学校治理的重要因素（魏叶美，2018）。共同治理需要在新的发展环境中不断创新，对行政领导者领导力的重大关注是大学组织治理创新的新焦点。有学者对北欧五所大学战略规划的分析发现，无论采用何种治理模式，大学治理过程中都比较重视组织变革中领导者的作用，强调要进行系统性的领导力培训和技能提升（严玉萍，2018）。以校长为主的大学行政领导者的领导风格也对教师参与治理具有较大的影响，行政领导者应该多些换位思考，站在教师的立场上思考共治的可能性，真正体验学术群体的文化、价值以及身份认同感（Crellin M A，2010）。领导承诺对组织文化的建设具有关键作用，可以被看作是质量文化的一个典型的工作机制，有学者研究发现大学最高管理层的承诺影响部门层面的承诺（Ardi R et al.，2012）。

3. 个人因素

除了制度和文化因素，也有少量学者开始关注教师参与治理的情感、责任、时间和能力等个体因素。

有学者研究发现高校教师的民主意识、职业特点、管理知识和能力、工作负担和时间等因素影响了其参与管理（宁芳，2016）。作为高职院校内部治理的对象和主体，教师如果缺乏对治理参与者的角色期望和激情，就无法激发其应有的"合伙者"角色行为（陈建兰，2020）。教师参与治理可视为一种组织公民行为，有学者对印度高校教师的研究发现，高校教师工作满意度与组织公民行为之间存在正相关关系（Swaminathan S & Jawahar P D，2013）。有学者调查研究发现，信任和透明度是促进教师参与治理的关键，因为缺乏专业能力或缺乏参与治理的责任，社区学院教师在治理方面的兴趣在减弱，产生一种冷漠的文化，表现出一定程度的脱离（Kater S T，2017）。有学者从教师参与学科治理的视角认为，有效的治理依赖于治理主体的意愿和动机，提高教师对学科专业的忠诚和热爱，关注教师的利益，使教师获得尊严感和组织归属感，构建"情—权—利—责"为一体的激励机制，才能保障教师参与学科治理的长效运行（杨超，2018）。

高校教师普遍缺乏主动参与学校治理的意识。有学者调查发现，教师认为学校内部事务大多都是由行政部门制定，教师只能负责执行层面（陈美如，2017）。有学者调查研究发现，教师对参与学校治理的角色认知是其治理行为的前提，有46.37%的教师认为学校领导班子是治理的主体，教师对自身参与治理的角色存在认知偏差（江平和李春玲，2021）。有学者分析认为美国大学教师参与大学治理面临的障碍因素包括担心被报复、时间投入、对学校事务不了解、对院校治理兴趣不高以及身份限制等（段俊霞，2016）。有学者研究认为教师参与美国大学战略规划受到教师自身缺乏全局思维和战略远见、管理方面的专业知识、参与治理的热情等影响

（黄艳霞，2014）。有学者通过对国内 A 大学的个案研究发现，不少教师给学校提意见和建议没有什么实质性的效果，不少教师还担心因此而给领导留下不好的印象甚至遭到打击报复，影响自己个人的发展（朱家德，2017）。

除了教师的参与意识和主观意愿外，教师自身具备相应的参与能力（相关的专业资质和知识储备等）是保证教师有效参与的前提，能力的程度决定了教师参与的层次（吴艳云，2020）。有学者调查研究发现，教师职称和年龄与参与大学治理的程度呈正相关，与普通教师相比，担任行政职务的教师参与程度较高（杨薇，2014）。有学者研究发现，大学教师身份的区隔影响了参与学术管理的差异，"普通大学教师"在学术管理中的参与权和决策权较弱（李琳琳等，2015）。参与治理能力的培养需要在实践中得到提高。美国大学教授协会等组织认为，让大学教师参与大学共同治理实践、提升教师的参与治理能力是提高教师参与治理有效性的必然选择（段俊霞，2016）。有学者基于 A 大学的个案研究发现，大部分教师参与学院治理的动力不足，体现在参与意识淡漠、公共责任意识不强和参与能力不足等方面（赵小焕和眭依凡，2021）。

对教师参与治理的批评之一是认为教师是利己的，不能参与对大学有益但对教师有害的行动。教师参与学术决策时通常情况下还夹杂着个人私利和理性的算计（毛金德，2020）。有学者认为大学教师个体层面的公共精神不强、工作负荷过大与工作任务缺少反馈是影响教师参与治校主要因素（刘爱生，2020）。有学者通过对一所研究型大学教师的访谈发现，教师参与治理的实践逻辑、制度性参与能力不足和缺乏公共事务参与精神是影响教师参与治理的重要因素（毛金德，2020）。教师们在更自主的教学和研究环境中工作，很少关注学校的集体需求，这些需求在他们获得精神和物质回报的活动中发挥不了什么作用（Favero M D & Bray N，2005）。超越自私自利的狭隘主义的能力以及创造程序正义和信任文化的能力是促使共同治理结构有效运作的关键（Heaney T，2010）。教师个体并非单纯"自利"，其行为往往具有利己和利他的混合动机（Eckel P D，1999）。

（四）教师建言行为

与沉默相比，建言是教师主动参与学校治理、发挥主观能动性的行为表现，可视为一种参与治理行为。目前，国内外针对高校教师建言行为的研究极少。组织行为学对员工建言行为的研究较成熟，尤其是针对建言行为的发生情境和条件等相关前置因素的实证分析，为研究高校教师建言行为提供了借鉴。

1. 员工建言行为影响因素

以戴恩（Van Dyne）为代表的组织行为学家认为建言不仅仅来自员工对组织的不满，更多的是个体自发的亲社会行为，能促进组织效能的提升，并将建言定义为变革导向、致力于改善现状的建设性沟通行为（Lepine J A & Van Dyne L，2001）。梁等（Liang et al.，2015）根据建言的内容将建言行为划分为"促进性建言"和"抑制性建言"两个维度，其中促进性建言指为了改进工作团队或组织整体功能而提出新的想法和建议，抑制性建言行为是大胆指出工作中已经存在或潜在的问题，并开发了相应的量表（Liang J et al.，2012），这一划分得到了较为广泛的应用。中国学者段锦云和凌斌（2011）结合中国传统文化情境，将员工建言分为顾全大局式和自我冒进式两类，前者体现与情景融合联系的需要，后者体现个体独立增强的需要，并开发了相应维度的量表。

（1）个体层面。个人层面的影响因素主要涉及人口统计学差异（年龄、受教育程度、工龄等）、人格特征、工作满意度、工作压力和个人政治技能等。例如，勒平等（Lepine et al.，2001）等研究发现大五人格中的责任性和外倾性维度对员工建言行为具有积极影响效应，而宜人性维度和神经质性维度则具有消极影响效应。有学者对81篇实证文献的元分析发现，员工教育程度、年龄和组织任期均与建言行为显著正相关，即员工受教育程度越高、年龄越大、组织任期越长，表现出越多的建言行为（段锦云等，2016）。有学者研究发现在新生代员工中，工作满意度与抑制性建

言呈 "U" 型关系，而在非新生代员工中则呈线性关系（阎亮和马贵梅，2018）。有学者从工作压力的视角探讨建言的个人工具性目的，研究发现员工工作压力对其建言行为有显著的负向影响（宋源，2018）。有学者研究发现员工个人的政治技能可通过建言效能感的中介作用正向影响建言行为（王永跃和段锦云，2015）。

（2）领导层面。有学者综述了近十年员工建言行为的领导因素，认为领导因素是员工判断建言是否安全和值得的最重要线索来源，影响建言行为的领导因素分为领导个性和特征、领导行为、领导情绪和上下级关系，认知变量的中介变量作用机制的研究已经较丰富，而关注员工情绪的中介机制的研究比较缺乏（段锦云等，2016）。学者们实证研究发现，领导—成员交换关系（潘亮和杨东涛，2020）、管理者可信行为感知（张璐，2018）、上级发展性反馈（颜爱民和郝迎春，2020）、管理开放性（谢江佩等，2020）对员工建言行为具有显著正向影响。

近几年，较多文献集中在领导风格与员工建言行为的关系，如变革型领导（汪群和陈静，2016）、包容型领导（王雁飞等，2018）、伦理型领导（贾建锋等，2020）、情感型领导（石冠峰和赵婉莹，2020）、共享型领导（赵宏超等，2018）、差序式领导（李晓玉等，2019）、谦卑型领导（辛杰等，2021）和家长式领导（毛畅果等，2020）等。总体而言，领导行为主要通过 "心理安全感" 和 "效能感" 的中介影响建言行为。相关研究主要探讨积极的领导行为或特征对员工建言的影响，也有学者从负性领导行为的角度探讨其对员工建言行为的影响，研究发现，不当督导对促进性建言和抑制性建言均具有显著的负向影响（李锐等，2009）。

（3）组织层面。组织层面的因素包含组织结构和组织文化两个方面，主要涉及制度设计、组织公平、组织支持和组织氛围等。有学者研究发现，制度的合理、科学设计会对建言行为产生积极影响，若将员工的利益与组织利益发展相挂钩，员工就可能主动建言（Bae K S et al.，2011）。学者们实证研究发现，组织公平感对员工的促进性建言和抑制性建言具有积极效应（苗仁涛等，2015）；组织气氛中的支持性气氛、创新性气氛和公平性气氛对员工建言行为具有显著正向影响，科层性气氛具有显著负向影响，而人际沟通气氛的影响不显著（方志斌，2015）；知识型员工的组织支持感对其促进性建言行为和抑制性建言行为都有直接的正向影响（王亮和牛雄鹰，2018）；组织自主氛围可以通过员工心理所有权的中介作用影响建言行为（张靖昊等，2022）；员工感知到组织内的政治行为越多，越会降低其组织支持感，从而使其不愿发言（朱海燕，2018）。

（4）文化层面。文化因素对建言行为的发生具有独特影响，开展建言行为的本土化研究是这一领域的重要方向。以段锦云为代表的学者，分析了中国文化背景下建言行为的结构特征和形成机制，研究发现中庸思维与顾全大局式建言行为正相关，与自我冒进式建言行为负相关（段锦云和凌斌，2011）。有学者基于中国文化视角，认为中庸思维、面子和人情关系、集体主义以及高权力距离是中国组织中员工建言匮乏的文化根源（陈文平等，2013）。有学者认为在中国这样一个高权力距离的国家，道德领导在很大程度上影响了员工建言行为（梁建，2014）。学者们研究发现表面和谐和尊重权力距离倾向与抑制性进言的负面预期正相关，导致组织中抑制性进言的匮乏（魏昕和张志学，2010）；想要获得面子与员工的促进性建言显著正相关，而维护自己的面子与员工的沉默行为显著正相关（王啸天等，2019）。

（5）基于计划行为理论的建言行为影响因素。有学者从理论基础、研究设计和实证结果三个方面对中国情境下的领导行为与员工建言相关研究成果进行归纳总结，研究发现，国外的研究大多基于社会交换理论来解释领导行为与员工建言的关系，然而社会交换理论并不能很好地解释中国情境下员工建言的产生机制，国内相关研究的理论基础包括心理认知理论、人际期望理论、双因素理论、自我一致性理论、自我决定理论、社会认同理论、社会信息加工理论、社会学习理论和期望理论等（张丽华等，2017）。

也有少量学者基于计划行为理论对建言行为进行了研究，对计划行为理论三大因素的测量主要采用替代变量。如有学者研究了"心理安全感"（对应"态度"）、"建设性变革的责任感知"（对应"主观规范"）和"基于组织的自尊"（对应"知觉行为控制"）三个心理因素如何独特、差异及互动地预测促进性和抑制性建言。研究发现，当每个因素单独测试时，这三个心理因素都与促进性和抑制性建言呈正相关，建设性变革的责任感知与促进性建言的关系最密切，心理安全与抑制性建言的关系最为密切。这三种心理因素对建言有交互作用，建设性变革的责任感知增强了心理安全与两种建言的正相关，而组织自尊削弱了心理安全与促进性建言的正相关（Liang J et al.，2012）。有学者分别用"心理安全感"代表建言态度、用"建设性变革责任感"代表主观规范、用"建言效能感"代表知觉行为控制，研究发现，工会实践可通过心理安全感、建言效能感和建设性变革责任感影响员工建言，工会实践水平越高，员工越倾向于建言（胡恩华等，2019）。

2. 中小学教师建言行为

组织行为学对员工建言行为的研究较为成熟，然而目前针对教师建言行为的研究极少，且主要面向中小学教师。有学者结合学校管理实践，认为学校领导方式、学校文化和教师专业化对建言行为影响较大，学校领导应提高对教师建言的认识，由权威型领导向服务型领导转变，学校应构建民主、开放、多元、尊重、关心的学校文化，促进教师专业化发展，从内部为自身赋权，才能形成持续有效的建言机制（张颖，2016）。有学者基于479名中小学教师的实证研究发现，校长和教师之间的领导—成员交换部分平衡了校长道德领导对教师建言行为的正向关系（张森等，2018）；有学者以233名中小学教师为研究对象，研究发现中小学教师的建言行为总体偏少，主观社会经济地位显著正向预测建言行为（苏勇，2017）；有学者以491名中小学教师为样本，从情绪视角探讨了学校领导反馈环境对教师建言的影响机制，研究发现领导反馈环境正向预测教师建言，积极情绪在两者间具有中介效应，消极情绪具有遮掩效应，权力距离调节了积极情绪的中介作用（张颖和苏君阳，2020）。

3. 高校教师建言行为

高校具有不同于普通企业和中小学的组织特性，高校教师建言行为必然具有不同的特征和影响因素。目前也有少量学者对高校教师建言行为进行了研究。如有学者对江苏、山东等 24 个省级单位共 71 所高校的 454 名高校教师的调查研究发现，教师建言频率普遍较低，除了受性别、教龄、职称等个体因素影响外，还受沟通开放性、心理安全感两个关键因素影响，不少教师表示建言的形式主义重于实质，领导对教师建言的沟通开放性不足在很大程度上影响了教师后续再度建言的积极性；建言受行政力量干预，大部分青年教师不敢建言，资深教授主导话语权，他们的建言更容易得到领导重视；建言顾虑领导权威和同事人际关系，中庸思想影响建言意愿；建言受组织民主氛围影响，倾向于采用公开正式场合；教师建言的制度激励不够；教师更倾向于参与和自身利益紧密相关的话题（朱优佩等，2015）。有学者实证研究发现，高校教师建言行为的程度处于中等水平，心理契约对建言行为有正向预测作用（刘艺，2019）。有学者认为大学教师建言行为是一种典型的教师参与治校行为，并通过实证研究发现高水平的仁权规范作为重要的组织情境能调节大学教师学术权力感知对建言行为的影响（李思思等，2022）。成就动机表现出渴望成功和避免失败两种心理倾向，黄玲等理论分析认为在非强制选择情景下，渴望成功倾向与高校教师建言行为正相关，避免失败倾向的个体对建言表现出回避和冷漠的态度（黄玲等，2018），该研究结论还有待更深入的调研验证。除了高校教师，还有学者针对高校组织情境中的研究生建言行为进行了研究，发现导师的辱虐型指导方式抑制了研究生的建言行为，致使研究生在导师和团队面前保持沉默（何一清和孙颖，2018）。

（五）研究小结

国内外相关研究主要聚焦于共同治理的意义、大学治理中的教师参与现状、教师参与治理的影响因素和教师建言行为四个方面。大部分学者认同共同治理的价值，对教师参与治理持积极态度，然而现实中教师尤其是普通教师在大学内部治理中的话语权较低，教师参与治理的内容以学术事务为主，参与程度以知情和单方面的表达意见为主，实质性发挥作用较小。教师参与治理受到环境和个人多方面因素的影响。不少学者认为与治理结构相比，建立组织信任、相互尊重和沟通的治理文化对实现共同治理更为重要。建言是教师参与治理的一种方式，目前国内外针对高校教师建言行为的研究极少。美国的共同治理理念和经验为研究国内高校大学治理提供了借鉴。相对而言，国内高校教师参与治理研究起步较晚，扎根中国大地的本土化高校教师参与治理还有一定的研究空间。

首先，研究视角以"结构制度"为主，基于行为主体的"教师个体"视角甚少。对教师参与治理存在的问题和困境的分析主要从治理结构、政策制度等视角展开，认为高校教师参与治理的意愿不强、治理效果不彰，主要原因在于不合理的治理结构和机制，而忽略了人的主体性以及人的行为的能动性和复杂性。目前也有少量学者把视角从宏观结构制度转移到微观教师主体，关注高校教师参与治理行为的动机、意愿、能力，教师与行政人员的互动关系，教师建言行为的影响因素等。总体而言，对教师参与治理行为（建言行为）的关键影响因素和作用机制还缺乏系统的研究。

其次，研究内容重在分析"理想"和"现实"的差距，基于现实情境的"针对性"策略研究甚少。美国高等教育的传统是让其他校园支持者，特别是教师，积极参与学校决策，目前国内相关研究主要是介绍美国等国家的共同治理经验，分析国内高校大学治理中教师参与的现状、问题和根源等。学者们以共同治理为理想目标，表达了对"应然"的期许和对"实然"的无奈，相关研究缺乏基于现实情境的对策建议分析。

最后，研究方法以"思辨"为主，基于实际案例的"实证"分析较少。相对而言，目前国内外对教师参与治理现状的研究以思辨研究和定量的描述性分析为主，侧重不同群体参与治理情况的差异比较，对影响因素的研究以思辨研究为主，比较笼统，也有少数研究选择了个别变量进行了量化分析，总体上变量的选择不够系统、综合，基于案例剖析的质性研究和多变量模型的定量实证研究甚少。

三、概念界定

（一）大学共同治理

"治理"（governance）这一概念最初来自拉丁文"引领导航"（steering）一词，原意是控制、引导和操纵。目前，学界没有统一的定义，全球治理委员会1995年发表的《我们的全球伙伴关系》研究报告中，对治理做了如下界定：治理是各种公共的或私人的个人和机构管理其共同事务的诸多方式的总和。它是使相互冲突的或不同的利益得以调和并且采取联合行动的持续的过程（眭依凡，2014）。眭依凡（2014）认为治理是一种在领导层权力体系主导下协调被管理层共同管理的新型管理模式。

盖尔等（Dennis J. Gayle et al.，2003）认为大学治理是指大学内外利益相关者参与重大事务决策的结构和过程。顾建民等（2017）认为，相较于大学管理，大学治理强调多元主体的平等、协商和合作，是多向度的互动而非单向度的管控，大学治理谋求价值理性与工具理性、民主与效率的有机统一。一般认为大学治理包括大学内部治理与大学外部治理，其中内部治理指教师、学生等内部利益相关者在学校内部各项事务中的关系的总和，外部治理则指政府、企业、校友等外部利益相关者在学校外部各项事务中的关系的总和。

1966年，美国大学教授协会（AAUP）等联合发表的《大学治理声明》将治理定义为教师和行政部门基于双方的权力及决策责任分工的共享治理（王占军，2018）。大学内部治理中的共同治理（shared governance），也有译为"共享治理"，是大学内部不同利益相关者基于各自特长，按照分工和责任的原则，对各自领域内事务进行自主决策，进而实现共同目标的过程（叶文明，2017）。共同治理本质上是基于分权、协商与去中心化而形成的互动调整机制（张伟，2017）。共同治理既是达到目的的手段，也是需要维护和重视的目的本身，它虽然沉浸在传统中，但关注高校的变化和创新，这是一个合作的过程，同时也是合议的结果（Crellin M A，2010）。顾建民等研究认为，从"学者自治"到"法人治理"再到"共同治理"是国内外大学治理的演变路径，走向共同治理是一种全球性的大趋势（顾建民等，2017）。

本研究所指的大学共同治理是大学内外利益相关者平等协商、分工合作，共同参与学校事务决策的结构和过程。

（二）高校教师

本书所指的高校是公办高校，不包括民办高校；本研究所指的教师也非广义的教职工，而是高校专任教师，即具有高校教师资格、专门从事教学工作的人员，不包括普通行政和教辅人员。由于兼行政职务对教师建言行为具有较大的影响，因此本书中所指的教师也不包括兼行政职务的中层干部和校领导。

（三）高校教师参与治理

共同治理基于整体性视角，强调所有利益相关者的参与，而参与治理是基于单个利益相关者群体的视角，指向这个特定群体的参与。大学治理主体是教师、行政人员和学生等的集合体，共同治理强调"共同"，不能忽略任何一个主体，共同治理中的教师参与，更加强调治理的"参与"属性，从教师群体的视角来阐释参与的意义、内容和方式等问题（叶文明，2017）。也有学者将高校教师参与治理等同于共同治理，认为教师参与治理不同于参与管理，治理体现为决策过程中不同主体介入或互动方式及其机制，强调参与民主和不同主体间权利的平等，教师参与治理即教师与行政共同参与，保持相对平衡，形成合作共商机制；管理则是严格遵从既有的规章与程序来执行政策，更多的是行政人员的职责，大部分教师不存在参与管理的问题（阎光才，2017）。

教师参与治理是指教师作为高校重要主体之一参与内部事务决策的结

构与过程（徐祯，2018）。狭义的教师参与治理即教师通过学校提供的各类委员会、教代会等正式组织渠道参与决策制定。广义的教师参与治理除了正式、法定形式以外，还包括教师主动向行政人员提意见和建议，行政人员针对某项制度邀请教师反馈意见等某些非正式、非法定参与形式。

本研究所指的高校教师参与治理是广义的教师参与治理，主要是指高校教师以正式或非正式形式参与学校内部事务决策的结构与过程。

（四）高校教师建言行为

在组织行为学领域，建言是一种组织公民行为，是指以变革为导向、致力于改善现状的建设性沟通行为（Lepine J A & Van Dyne L，2001）。本研究所指的高校教师建言行为是共同治理视域下的一种教师参与治理行为，即教师参与学校内部事务决策，表达个人意见和建议的行为。在访谈中发现，教师对"建言"一词较敏感，容易带入情感，将其窄化为历史上的"进谏"和"进言"，甚至存有"打小报告"的误解。因此，本书在调查问卷中采用"参与治理行为"这一更中性的词作为替代，并在问卷备注说明中将"建言行为"的概念内涵赋予"参与治理行为"。如无特别说明之处，本研究所调查的"教师参与治理行为"均表示"教师建言行为"。

四、研究内容与框架

（一）研究问题

完善结构体系固然重要，但并不是最终目的，治理效力的提升才是落脚点（张衡和眭依凡，2020）。随着越来越多的高校管理实践者意识到教师参与治理对学校发展的重要意义，面对高校教师参与治理的现实困境，本研究将研究视角从宏观结构制度转向微观层面的行动中的个体，以教师建言行为为对象，以行为的影响因素为切入点，旨在构建高校教师建言行为影响因素的学术框架，结合实际案例探寻教师建言行为积极性不高的问题根源，为高校管理实践提供决策参考，以期提高学校的治理水平。

由于兼具改善性和挑战性两种特征，教师建言行为往往被视作是一种理性的、计划性的行为，因此，本书借鉴计划行为理论，聚焦以下三个研究问题：

第一，从教师主体的视角出发，高校教师建言行为的影响因素有哪些？

第二，这些影响因素如何影响教师建言行为？

第三，高校可以采取哪些激励策略提高教师建言行为的积极性？

（二）内容框架

本书在计划行为理论的框架下，结合高校的组织特性和高校教师的职业特点，通过实证研究探讨行为态度、知觉行为控制和主观规范对教师建言行为的影响，并利用定性比较分析（QCA）分析教师建言行为的多元促发条件，最后从管理视角提出对策建议，具体的研究内容和论文框架如下。

第一章为绪论。阐述了选题的背景和意义，从大学共同治理的意义、大学治理中的教师参与现状、教师参与治理的影响因素以及教师建言行为四个方面梳理了国内外相关文献，界定了大学共同治理、高校教师、高校教师参与治理和高校教师建言行为等相关概念，提出了本书的研究问题，介绍了本书的研究内容、框架和思路方法。

第二章为研究假设与模型构建。介绍了本书的理论基础"计划行为理论"，并结合访谈和相关文献对教师建言行为的影响因素进行了归纳分析，构建了教师建言行为影响因素的结构路径假设模型、知觉行为控制对教师建言行为的影响机制假设模型、教师建言行为意向影响因素的组态模型和教师建言行为影响因素的组态模型。

第三章为研究工具与数据准备。借鉴参考已有问卷和量表工具，结合本研究实际情况设计开发调查问卷，实施预调查后进行问卷修订，并正式发放问卷，进行问卷的信效度检验，做好后续分析的数据准备。

第四章为高校教师建言行为及其影响因素的状况分析。利用描述性统计等手段，分析高校教师参与治理的建言内容、建言渠道和建言对象的基本情况，对教师建言行为、影响教师建言行为的"行为态度""主观规范""知觉行为控制"等进行总体分析和差异性分析。

第五章为高校教师建言行为的实证检验与组态分析。利用结构方程模型分析变量间的具体路径，检验和修正理论模型，结合相关文献资料、前期访谈和参与式观察对模型检验结果作出解释。利用（QCA）对相关前因变量进行组态分析，支持和补充实证研究结果。

第六章为高校教师建言行为的激励策略。归纳分析调查问卷中教师们所提的建议，结合实证检验结果、QCA组态分析结果、访谈分析和参与式观察，从学校的制度、氛围和行政领导沟通开放性三个方面提出促进教师建言、提高学校治理水平的对策建议。

第七章为研究结论与展望。归纳和讨论本书的主要结论，提炼研究贡献，反思研究局限和不足，并对未来研究提出展望。

五、研究思路与方法

（一）技术路线

高校教师建言行为受到哪些因素的影响？这些因素之间有什么内在机制？高校又该如何引导？基于这些问题的思考，本书遵循实证主义研究范式，围绕"理论梳理—实证分析—对策建议"的技术路线展开，采用理论与实践相结合，质性、量化与QCA相结合的混合研究方法和手段。首先，基于文献梳理和小样本访谈，借鉴计划行为理论分析框架，进行质性研究，提炼高校教师建言行为的影响因素，构建理论模型；其次，通过问卷调查先后进行定量研究和定性比较分析，在实证检验高校教师建言行为的影响因素和作用机制基础上，从组态视角探索多元因果关系，分析高校教师建言行为意向和行为的多元促发条件；最后，结合问卷调查、访谈和参与式观察，从学校管理干预的视角提出相应的对策建议。本书的具体技术路线如图 1 - 1 所示。

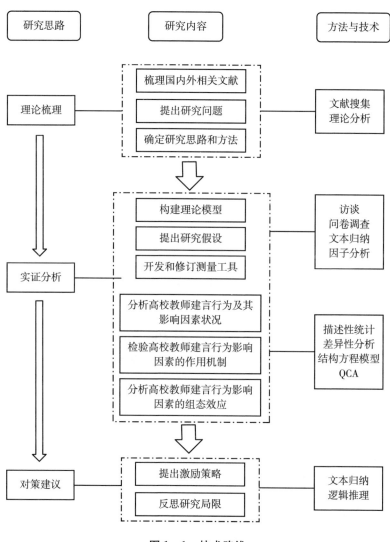

图 1 - 1　技术路线

（二）研究方法

根据研究问题和研究目的需要，在具体的数据收集和分析方面，本书主要采用访谈法和问卷调查法。在大规模问卷调查之前通过小样本访谈进行探索性研究，问卷调查数据处理采用先统计分析后 QCA 的方法，在问卷调查之后，结合访谈文本的归纳分析和参与式观察对问卷调查结果进行解释说明。

1. 访谈法

本研究采用半结构式访谈，备有访谈提纲，但并不严格按照访谈提纲，而是根据访谈情况灵活调整访谈内容和程度。访谈对象包括临退休教师、骨干教师、青年教师等普通教师和二级学院行政领导。对普通教师的访谈主要是了解教师对建言的认识和看法，聆听他们建言的经历、遇到的困惑和对学校的建议等；对二级学院行政领导的访谈主要是了解教师向其建言的经历，对不同形式教师建言的看法和对促进教师建言行为的建议等。

本研究以计划行为理论为主要编码分析框架，借鉴扎根理论的编码方法，对收集到的访谈资料进行逐级编码，归纳生成类属，厘清高校教师建言行为相关构念的指标。访谈获取的资料为问卷调查测量工具的设计提供了重要依据，同时为解释路径分析结果、提炼激励策略提供了线索和参考。

2. 问卷调查法

本研究选择一个东部省份、一个中西部省份作为代表，每个省份按照"双一流高校""一般本科院校""高职高专"三个层次进行抽样。结合访谈结果，借鉴和参考已有量表工具，编制初始问卷，实施预测试后修订形成正式问卷。本研究采用线上方式发放问卷，利用"问卷星"专业工具设计电子问卷，通过微信、QQ 等方式推送。

本研究主要利用 SPSS 和 AMOS 软件检验和修订问卷测量工具，并进行相关的数据统计分析。通过探索性因子分析、验证性因子分析和克隆巴赫 α 系数对问卷测量工具的适切性进行检验；通过描述性统计等分析高校教师建言行为的状况；通过结构方程模型路径分析验证相关因素对高校教师建言行为的影响机制，检验和修正理论模型。基于实证检验结果修正组态模型，利用 fsQCA 软件对变量数据进行校准，依次进行条件变量的必要性分析和组态分析，最后进行稳健性检验。此外，本研究对问卷调查中的主观题主要采用文本归纳的分析方法，将教师填答的建议内容进行了主题分类。

第二章

研究假设与模型构建

　　本章的核心内容是提炼高校教师建言行为的影响因素，提出研究假设和构建模型。本研究以计划行为理论为分析框架，利用小样本访谈获得高校教师建言行为的主要影响因素。借鉴教师参与治理和计划行为理论相关研究，在传统计划行为理论五个核心变量的基础上，增加影响行为态度的行为信念变量，构建教师建言行为影响因素的结构路径假设模型。为进一步了解教师建言行为的控制因素及其影响效应，本研究还将知觉行为控制的具体维度作为自变量，构建知觉行为控制对教师建言行为的影响机制假设模型。本研究在实证检验基础上，利用定性比较分析方法探讨高校教师建言行为影响因素的组态效应，分别构建教师建言行为意向影响因素的组态模型和教师建言行为影响因素的组态模型。

一、影响因素识别

（一）理论基础

计划行为理论（theory of planned behavior，TPB）是社会心理学的一大经典理论，由艾杰森（Icek Ajzen）于 1991 年提出，其前身是理性行为理论（theory of reasoned action，TRA）。理性行为理论基于以下假设：人是理性的，并通过获取的信息决定具体行为；人们的行为不是无意识自发的，而是源自有意识的动机引导；人们在决定是否采取行动前，会考虑其意义（Jeffrey Miles，2017）。该理论认为，行为意向是影响个体行为的动机因素，表明个体愿意尝试某种行为，并为之付出努力的程度，可以预测行为的发生。行为意向受到行为态度（behavior attitude，BA）和主观规范（subjective norm，SN）的影响。态度即个体对某行为喜爱与否的评价，主观规范即个体在决策是否执行某行为时所感知到的社会压力。理性行为理论假设大多数人类社会行为受意志控制，因此可以从意图预测。由于理性行为理论忽略了个体对其是否有能力实施行为的感知程度，艾杰森于 1985 年在理性行为理论的基础上引入了一个新的变量"知觉行为控制（perceived behavior control，PBC）"，试图处理人们可能对感兴趣的行为缺乏完全意志控制的情况，提出了计划行为理论，并在 1991 年正式发表论文《计划行为理论》（*The theory of planned behavior*），标志着计划行为理论的成熟（段文婷和江光荣，2008）。

计划行为理论认为，行为态度、主观规范和知觉行为控制是决定行为意向的三个主要变量，三者既彼此独立又两两相关。有学者通过元分析研究发现，行为态度、主观规范和知觉行为控制可以解释 39% 的行为意向差异（Armitage C J & Conner M，2001）。非个人意志完全控制的行为除了受行为意向的影响外，还受资源、机会等实际控制条件的制约（Ajzen I，1991）。知觉行为控制反映了实际控制条件的情况，可直接预测非个人意志完全控制的行为发生的可能性。信念是行为态度、主观规范和知觉行为控制的认知与情绪基础，其中行为态度受到行为信念的影响，主观规范受到规范信念的影响，知觉行为控制受到控制信念的影响，计划行为理论的结构模型图如图 2－1 所示。

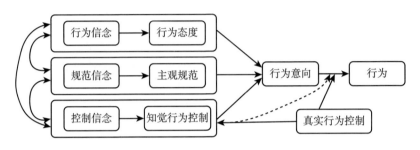

图 2－1　计划行为理论结构模型

资料来源：Ajzen I. Constructing a TPB questionnaire：Conceptual and methodological considerations [R]. Icek Ajzen, 2002, Revised January, 2006：1－14.

计划行为理论受到社科行为研究者的青睐，广泛应用于人类各种行为的解释和预测，如农村居民参与人居环境治理意愿（赵新民等，2021）、农村生态环境参与式治理（王芳和李宁，2021）、在线知识付费行为（李钢等，2018）等。教育领域面向大学生或研究生群体的研究，包括大学生公益行为（李嘉等，2019）、大学生创业行为（Agu A G et al.，2021；Tan O K et al.，2021）、大学生从教意愿（尚伟伟等，2021）、大学生锻炼行为（Wendy et al.，2007；杨剑等，2020）、大学生参与治理行为（王晓茜和姚昊，2021）、研究生学术不端行为（郝凯冰和郭菊娥，2020）、研究生组会发言行为（郑琼鸽和王晓芳，2021）等。在教师领域的研究，包括大学教师学术创业行为（Guerrero M & Urbano D，2014）、中小学教师专业发展活动（Dunn R et al.，2018）、见习教师的技术接受行为（Teo T & Tan L，2012）、大学教师的知识共享行为（Fauzi M A et al.，2018；Punniyamoorthy M & Asumptha J A，2019）、中学教师参与治理意愿（魏叶美和范国睿，2021）、高校科研人力资本迁移意愿（张昭俊等，2020）、高校教师离职意愿（Zeenat S et al.，2020）等。

计划行为理论这一经典的行为理论在应用中不断得到丰富和拓展。随着研究的不断深入，计划行为理论也受到了一些学者的质疑。艾杰森认为，知觉行为控制和自我效能是可互换的，其他研究人员则认为知觉行为控制和自我效能存在混淆，知觉行为控制应该被理解为"自我效能"和"可控性"两个独立的概念。学者们研究发现，个体行为意向并不一定能转化为实际行为，行为意向和实际行为之间的关系可能还受到其他变量的影响，如"时间稳定性""需求的满足""人格特征""道德规范""年龄"等（Jeffrey Miles，2017）。艾杰森本人也在不断地拓展和完善该理论。艾杰森认为知觉行为控制包括自我效能（self‐efficacy）和可控性（controllability）两个不同的维度（Ajzen，2002）。巴贝拉和艾杰森（Barbera & Ajzen，2020）在三项涉及不同行为（投票、减少家庭浪费和能源消耗）的研究中发现，知觉行为控制越大，行为态度在预测意向方面的相对重要性越强，而主观规范的相对重要性越弱。这说明知觉行为控制除了影响行为意向和行为外，还可以调节行为态度对行为意向、主观规范对行为意向的影响。

除了预测行为意向，计划行为理论还能通过影响和干预信念，尤其是影响行为态度的行为信念，达到干预行为的目的。相对而言，目前应用该理论预测行为意向和行为的研究较多，极少从管理干预视角进行分析和应用。未来研究可检验行为意向因情境因素而变化的程度，研究变革管理干预，改变群体规范并影响"行为意向—行为"的能力（Jeffrey Miles，2017）。这为本研究拓展计划行为理论，理解行为意向和行为的差异关系，寻找行为的核心情境变量，从而优化激励策略，更好地对高校教师建言行为进行干预提供了思路启迪。

（二）访谈分析

1. 数据收集与分析方法

本研究基于计划行为理论，利用小样本访谈获得高校教师建言行为的主要影响因素。根据研究需要分别设计了针对教师和行政领导的两份访谈提纲（详见附录 A 和附录 B），其中，教师的访谈提纲内容主要包括建言的经历、对建言的看法、建言的影响因素和对学校的建议等，行政领导的访谈提纲内容包括教师向其建言的经历、对不同形式建言的看法和提高教师建言积极性的建议等。

在数据收集环节，本研究以浙江省 Z 校为案例，采用目的性抽样的方式，抽样过程兼顾年龄、职称、专业和是否行政兼职等影响因素，以信息饱和为原则，共选取了来自 7 个二级学院的 13 位受访者（其中普通教师 11 人，行政领导 2 人，分别编号 S01，S02，…，S13）。样本包括临退休的老教师、专业主任、青年教师和二级学院领导等。采用半结构化访谈，访谈提纲仅作交流参考，具体访谈内容根据访谈对象的工作经历和访谈实际情况灵活调整。每位受访者访谈时间为 11 ~ 98 分钟，平均为 30 分钟。采用笔记和录音两种方式记录，并在访谈结束后及时整理成文本资料。

在数据分析环节，本研究以 TPB 理论为主要编码分析框架，从"行为态度""知觉行为控制""主观规范"三个方面提炼教师建言行为的影响因素，借鉴扎根理论"开放式编码""主轴式编码""选择式编码"三阶段编码方法对原始数据进行分析和处理。开放式编码主要关注资料本身，对文本资料进行概念化，提取隶属；主轴式编码主要关注隶属之间的联系；选择式编码则重在围绕核心隶属进行总体性分析。经过多次反复比较、整理和归纳后，开放式编码阶段共提取 19 个隶属，主轴式编码阶段共获得 7 个次隶属和 3 个主隶属，选择式编码阶段选择了"高校教师建言行为的影响因素"这一核心隶属。开放式编码示例如表 2 - 1 所示，主轴式编码结果如表 2 - 2 所示。

表 2 - 1 开放式编码示例

隶属	访谈举例
得罪行政领导	S01：提意见的大部分情况是被"灭"了。 S02：稍微开明一点的，他可能不记得得对吧？万一碰到一个不开明的，你知道他性格是什么样吗？ S08：像我个人的话，就是说心思还是一直光明磊落的，个人也是大大咧咧的，总觉得没什么大不了的。 S09：如果你想着说我出发的利益，我是为了这个专业去做的，我觉得这个是很客观的东西。 S10：我又不是为自己，何来害怕，反正我在最基层，再打压我也还是基层人员。 S12：意见其实提出来之后还是有风险的，就怕到时候触碰到领导的底线，可能会有问题

表 2 - 2　　　　　　　　　　　主轴编码结果

主隶属	次隶属	隶属	关系内涵
行为态度	多一事不如少一事:感知风险	得罪行政领导损害同事利益被贴标签	行为态度主要体现为工具性,受到感知风险和感知成就两类行为结果的影响。行为结果具体体现为得罪领导、维护自身权益和提高学校管理水平等
	说了也没用:感知成就	维护自身权益提升学校管理水平	
主观规范	大家都不说:他人规范	行政领导期望行政领导示范同事参照	主观规范主要包括来自行政领导和同事的他人规范、个人自身的自我规范,体现为行政领导期望、同事参照和岗位职责等方面
	该说还是要说:自我规范	集体情怀岗位职责知识分子使命	
知觉行为控制	不能光发牢骚:参与治理能力	信息掌控问题解决沟通交流	知觉行为控制主要包括对参与治理能力、时间压力和行政领导沟通开放性三个方面控制因素的自信程度或控制程度。具体控制因素体现为信息掌控、工作负荷、及时反馈等方面
	乱七八糟的事别烦我:时间压力	工作负荷绩效考核	
	走走形式而已:行政领导沟通开放性	及时反馈真诚征言包容接纳	

2. 行为态度及其影响因素

行为态度是个体对执行某特定行为的总体评价,通常包括工具性(instrumental)成分和情感性(experiential)成分。工具性成分主要体现在有价值—无价值、有害—有益等尺度,情感性成分主要体现在喜欢—不喜欢、愉快—不愉快等尺度(Ajzen I,2006)。

访谈发现,大部分教师对建言的态度体现为工具性,是否有价值、是否有必要等是主要的评价标准,而不涉及愉悦与否等情感。"我是非常认可教师建言,这是促进学校发展至关重要的一个环节。因为老师身处一线,在方方面面接触到学校神经最细微的末端,包括学校各个场地的建设、学生的学习生活动态,甚至后勤的各个方面,都能获得最为鲜活的第一手资料"(S03)。作为学校内部治理的主体之一,参与治理是法律赋予教师的合法权利，是落实高校民主管理的根本要求，不少教师的权力意识也开始有所增强。"我觉得现在的老师也好，学生也好，越来越注重自己的权利或者说意见的表达是不是能够有地方输出"（S12）。由于理想和现实的差距，有些问题很难解决，也让不少教师对建言的必要性提出了质疑。"一些情况很难解决的，你讲的其实他们也解决不了，比如说新教师课时太多了，那没办法解决，这个是学校要完成的任务，所以说可能这种就还不如不提，提了也没意义"（S07）。

根据期望—价值理论，行为态度形成于个体对行为可能结果所持的信念，即行为信念。行为态度由行为信念强度（strength of belief，b）和结果评估（evaluation，e）共同决定，即 $AB \propto \sum b_i e_i$。行为信念是指行为结果发生的可能性，结果评估是对这个结果的重要性程度估计。当个体预测某行为具有积极效应，个体的行为信念会使其产生对该行为的正向态度，而当个体预测某行为具有消极效应，个体的行为信念则会使个体对该行为产生负向态度。有学者从"成就导向"和"风险承担"两个维度分析了员工的创业行为态度（朱亚丽和郭长伟，2020）。教师既有追求成就的成长需求，也有规避风险的生存要求。本研究对高校教师建言行为的访谈发现，影响教师建言行为态度的行为信念主要受个体"理性"驱使，重在对行为预期结果的利弊分析，预期结果既有成就的一面，也有风险的一面。因此，本研究将影响行为态度的信念提炼为"感知风险"和"感知成就"两个方面。

（1）感知风险。高校教师建言可能面临得罪行政领导、损害同事利益的风险。在高校内部，普通教师处于相对弱势地位，尊重行政领导从而避免给自己制造麻烦成为生存的基本原则。针对一些决策，行政领导有自己的想法，教师一旦提出不同的意见，就挑战了领导的权威，面临得罪领导的风险。"万一碰到一个不开明的领导，你知道他性格是什么样吗？"（S02）"教代会上，我们一般提能解决的，可能惹领导不高兴的就不说了"（S03）。大学治理是利益相关者的关系总和，高校教师建言会涉及利益的分配和调整，最终会影响周围其他同事的利益，得罪其他人。"教师建言会形成一个资源的分配问题，它不只是钱的问题，包括资源的、利益的交换，你提了意见和建议，影响了别人，他们都对你有看法，你就不能做这个事情了"（S04）。

为了得到他人尤其是行政领导的支持和认可，促进自己在学校获得更多的发展机会，教师们都有个人印象管理的诉求，然而教师建言可能面临个人被标签化的风险。"你不说的话，人家不会说你不好的，你说了还觉得你这个人很烦的，那肯定就没劲了，就算有想法你也不会说了"（S05）。除了公开场合建言，如果教师们私下建言也存在个人信息泄露、被人特殊看待的风险。"对敏感性的建议，教师肯定会有一个担心：个人信息泄露。其他人就可能感觉这个人老是提一些意见，也觉得这个人怎么不好好工作，不安分守己，对这个人可能就有一个特殊看待一样。中国人又喜欢大事化小，小事化无，就怕生事端"（S07）。

（2）感知成就。高校内部普遍存在行政权力泛化的问题，与感知风险相比，普通教师在参与治理过程中感知的成就较少。就大多数普通高校教师而言，教师建言可能获得的最大成就是维护了自身的权益。共同治理需要建立一个基于共同价值观、实现共同目标的共同体，然而每个人都有自利的一面，教师建言是为了学校利益，但前提是不能损害个人利益。正如S06教师反复提及的学校和个人共赢问题："建言本身不是为了个人，而是为了学校的发展或是二级学院的发展的。我始终觉得作为学校里面的一员、部门的一员的话，个人和部门或者学校共同成长，这种双赢的局面是最好的。"共赢是理想，现实中有时候个人利益却和学校利益断裂，甚至冲突，个人往往会首先选择维护自己利益。"有时候学校利益和老师个人利益两个利益是分裂的，老师提了意见和建议以后，它是损害自己利益的，所以他就不会提了，只有达到老师提了那么他个人的利益也能维护，他才会提"（S02）。现实中很多教师对建言积极性不高，往往都是服从学校管理，但是事关教师个人利益的职称评聘、收入分配和业绩考核等制度还是比较容易引起教师的关注，不少教师出于个人利益防卫的角度会对这些政策制度提出异议。"有时候感觉反馈上去之后，下来也就是这样子，没什么感觉，所以基本上就是不太会主动去提，反正座谈会上就是说觉得有明显不合理的地方会提出，比如教师的考核方面，其他的基本上以遵守学校的这些东西为主"（S11）。

从理想上来说，教师参与治理可以发挥教师的学术优势和一线实践经验，提高政策制度的科学性和合理性，因此提升学校管理水平成为一些教师建言的预期成就。然而，访谈发现，现实中教师建言对学校重大制度建设带来的影响很小，成就期望不大直接影响了教师对建言行为的价值判断，打击了教师建言的积极性。"领导有自己的一个想法，从某个角度上来说，更多地想推行他的这种想法，所以实际上是你跟他交流了，有点什么作用或影响，那是比较小的"（S04）。"大家喊归喊，实际上期望不大"（S01）。

不过，也有一些教师针对自己实践中发现的具体问题，出于提高学校管理水平的初衷，向管理层进行了及时反应。比如 S03 教师表示为了提高学校办事效率，在不影响学校里各种规章制度的前提下，他曾针对学校异地办学纸质材料传递效率问题在非正式场合向相关行政领导提过意见和建议。虽然不是所有问题都能很快解决，但是只要能解决一些实际问题也会给普通教师带来成就感。比如 S08 教师是一位很有责任感的普通一线教师，希望在自己的能力范围内多帮帮学生。"我一般会帮学生说说话，提点实实在在的问题，比如学生食堂错时就餐等，能解决的解决，解决不了的先放一放"（S08）。

3. 主观规范

主观规范是指个体在决策是否执行某特定行为时感知到的社会压力，即个体所感知到的重要他人或团体对其是否应该执行某行为的影响，一般认为包括示范性规范（descriptive norm）和指令性规范（injunctive norm）。相对行为态度和知觉行为控制而言，主观规范属于客观因素，对行为意向的预测较弱。艾杰森（Ajzen I，1991）认为个人因素（态度和知觉行为控制）是影响行为的主要因素。西奥迪尼等（Robert B. Cialdini et al.，1991）丰富了主观规范的概念内涵，认为持久的文化和性格条件也可能影响一个人的规范重点，除了外部的示范性规范和指令性规范，主观规范还应包含个人层面的个人规范（personal norm）。

主观规范由重要他人或团体的期望规范信念决定，受规范信念（normative belief，n）和顺从动机（motivation to comply，m）的影响，即 SN $\propto \sum n_j m_j$。规范信念指个体预期到重要他人或团体对其行为实施的期望，顺从动机指个体顺从这些重要他人或团体的期望的意向。当重要他人或团体期望并支持个体执行某行为时，个体更容易在规范信念的驱动下形成行为意向；相反，如果个体感受到重要，他人却反对其执行某行为时，规范信念的压力就会阻碍其形成行为意向。共同治理视域下的规范信念主要体现在教师个体对自身行为是否符合共同体价值观和规范的道德判断，具有一定的约束性。本研究对高校教师建言行为的访谈发现，教师建言行为主观规范既包括行政领导和同事等重要他人的示范性规范与指令性规范，还包括职责使命等个人自身规范，因此，本研究将主观规范提炼为"他人规范"和"自我规范"两个方面。

（1）他人规范。行政领导是教师建言的重要他人之一。行政领导对教师建言的影响主要体现为期望，即教师感知到行政领导期望他们建言的程度，可视为一种指令性规范。访谈中发现，Z校主要校领导曾在公开场合呼吁广大教师多参与学校治理，多为学校发展建言献策。"现在学校领导最起码言论上和姿态上还是希望得到下面的意见、建议的，这个已经很不容易了"（S03）。"从我们学校或者二级学院现状来讲，需要老师们多开口多说话的，肯定是期望的"（S12）。由于普通教师跟校领导接触的机会很少，大部分教师感知到的行政领导主要是二级学院领导。"二级学院领导也很支持（我的建言），大会小会也不断对我表扬，给大家做榜样"（S06）。校领导下基层调研的时候，也会让一些教师感知到领导的期望，进而对学校发展提出意见和建议。"有时候校领导说是二级学院安排一个人，要了解一下我们学院的一些情况，我们学院领导就把我给推出去了"（S08）。

行政领导对教师建言的影响还体现为榜样示范，可视为一种示范性规范。建言需要教师少点个人私欲，多考虑集体利益，正派的领导具有很好的引领作用。"激发老师的公德心要有榜样的，要有人身先士卒的。我们以前××领导……确确实实带动我们学校整体利益的增长"（S06）。二级学院领导作为教师和校领导之间的"桥梁",能否发挥示范作用对教师建言的积极性影响非常大。"现实情况就是,其实大家会提意见的,但是学院层面不要把学校领导不喜欢的事情提交上去,他们只会把无关痛痒的这几点交到学校"(S10)。

同事对教师建言的影响主要体现为同事参照,包括周边同事对建言的态度和行为表现,也可视为一种示范性规范。除了学术委员会,教代会、座谈会等很多场合都为教师们建言提供了机会。访谈中发现,一些同事认为建言没有用,会好心劝慰其他老师不要浪费时间。"有老师就跟我说,你不要发言,不要说了,没用的"(S06)。相对其他同事私下向行政领导建言的隐蔽性,教师一般会在教代会等正式场合看到其他同事的参与行为。"我确实是看到老师是在建言献策的,比如教代会上,但是说直接跑到校长那去说的真的是会很少,机会也少"(S09)。可能教师之间会讨论学校治理问题,但面对行政领导,大部分基层老师都选择了沉默。"我们基层的很多老师每天都只是同事之间聊聊天,但是一想跟领导说话也不说了"(S03)。涉及教师群体的利益,大部分教师期望别人出面,自己"搭便车"。"最好别人去说了,反正谁在前面冲'打'谁,第一个被'打死'的肯定是冲在前面的,很多都是有点'搭便车'的心态的"(S01)。也有个别老师并未受他人影响,而是选择"吃亏"——"身边的同事也是希望有人反映的,只是说有些老师不敢反映。事情总要有人做,有些事吃一点亏,有的时候想开了,亏实际上也不会亏"(S08)。

(2)自我规范。作为学校集体中的一分子,高校教师自身拥有的集体情怀影响了其建言行为。S04代表了不少教师,尤其是老教师的心声:"在这个学校这么多年了,我们总希望学校能发展好,人家讲起来这个学校好像进步不大,那心里面真难受。"关注集体利益的公共精神在当下功利的社会里显得越来越稀缺。"我们那时候接受的正统教育多一点,老师也好、家长也好,肯定跟你讲,你要好好去努力工作。如果从大的方面来讲,比如说要献身事业、要发光发热"(S05)。教师提出的意见可能不是很完善,但初衷也是希望学校能改善存在的问题。"我们提意见实际上还是对学校有感情的,还是为了学校好的"(S01)。

访谈发现，教师们更倾向反映问题而不是提供建议，大部分普通教师认为学校如何治理等建设性工作是行政领导们的职责。"建设性的我觉得本身就是领导层自己该做的事情，跟我们这些老师没什么关系"（S11）。相对普通教师而言，专业主任的岗位责任促使其积极建言，为专业发展争取资源。"我觉得做专业主任最大的问题就是你的心有没有和专业在一起，比如说我与专业是共存亡的，无论采用什么样的建言方式，总是一定要为专业去争取一些东西，不然对不起自己的这个位置"（S09）。

知识分子的身份使命也提高了教师的公共责任意识，引导了教师敢说话、说真话。"知识分子就是要敢于发言。人在基层要去说两句，一种责任嘛！有的时候因为发现了现象，既然人家领导下基层，还是要反映的"（S08）。

4. 知觉行为控制

知觉行为控制是指个体感知到执行某特定行为的难易程度，包括自我效能（self-efficacy）和可控性（controllability）（Ajzen I, 2002）。自我效能是个体对自己执行该行为的能力的主观认知和评价，与完成行为的信心有关；可控性即行为执行的程度取决于参与者，指个体对促进或阻碍行为的因素的控制程度。

知觉行为控制反映的是个体根据自己所拥有的能力、资源和机会等促进或阻碍执行行为因素的知觉，受到个体的经验与预期的影响。知觉行为控制取决于内部和外部多种信念，受到控制信念（control belief, c）和控制信念强度（control belief power, p）的影响，即 $PBC \propto \sum c_i p_i$。控制信念是指一个人对给定的促进或阻碍因素是否将出现的主观概率，控制信念强度是指个体知觉到这些因素对行为实施的影响程度。当个体相信他们拥有所需的资源和机会（技能、时间、金钱、他人的合作），可能遇到的障碍很少且易于管理，他们会对自己执行行为的能力有信心，从而表现出高度的行为控制感。相反，当他们认为自己缺乏必要的资源或可能会遇到严重障碍时，他们会判断行为表现相对困难，并保持较低的知觉行为控制水平。本研究对教师的访谈发现，高校教师建言行为的知觉行为控制主要包括对个人自身参与治理能力的自信程度、时间压力的控制程度和行政领导沟通开放性的控制程度三个方面。

（1）参与治理能力。教师建言需要教师在信息掌控、问题解决和沟通表达等方面具备充足的能力。不少教师尤其是新教师对学校的情况还不够了解，受到个人视野和能力的限制，对建言缺乏自信。"我觉得新教师可能各方面还是会处于接受者、观察者的角色，然后等你熟悉，可能各方面的规则慢慢体验过了，你有感悟了，然后可能提出来的意见会更具针对性"（S07）。从理性的角度来说，教师建言不是发泄不满情绪，而是为了解决问题。为提高建言的有效性，教师在提出问题的同时一般最好附带解决问题的对策。相对而言，发现问题容易，解决问题比较难，对教师的能力要求也更高。"提建议前要深思熟虑，你不能光发牢骚，你应该有切实的解决的举措对策"（S06）。还有一些教师本身有想法但缺乏沟通表达能力。"有的老师说实在话，他想的很多，其实有很多有价值的建议，但是不善于去说，不好意思去表达"（S03）。

（2）时间压力。时间压力是学术工作的一个明显特征，既有源自学者追求学术的内驱力，也带有外部力量的强迫性，我国行政逻辑主导的学术劳动力市场，增加了外部控制力量施加给高校教师的时间压力（任美娜和刘林平，2021）。共同治理强调分权、去中心化。当前教师普遍反映的时间压力问题也在一定程度上体现了大学内部治理中的权力机制，教师作为"被管理"的对象，感知到的权力有限，工作任务多，对时间的可控性较小。教师建言需要教师提前准备，甚至花时间做调研，然而现实中高校教师普遍存在工作负荷重、时间不够用、分身乏术的问题。正如 S1 教师所言，"对我来讲，好好上课，好好带学生，其他乱七八糟的事最好别来烦我。"高校为了自身更好的发展，越来越注重绩效，在"内卷化"的冲击下，学校对教师绩效考核的要求也不断提升，给教师带来了极大的时间压力和焦虑，"学校考核二级学院，任务分解后，最后其实还是落实到专业和老师上"（S02）。教师们长期苦于高负荷工作状态，加之绩效考核带来的压力让其没有足够的时间和精力关注学校的治理问题。

（3）行政领导沟通开放性。沟通开放性指"管理者允许下属自由地表达自己的观点和抱怨并且不用害怕受到报复"的意愿，体现在反馈接受性（上级随时准备接受来自下属的反馈）和反馈反应性（上级对下级反馈的信息作出的反应）两种行为上（田辉，2016）。治理不同于管理，共同治理强调各利益相关者之间的平等协商、分工合作。教师建言是一种教师和行政人员（主要指行政领导）之间的沟通行为，需要行政领导的合作才能实现。这也在一定程度上体现了高校内部治理中行政领导作为"管理者"的权力表达。行政领导给不给教师机会和渠道建言，怎么对待教师建言、沟通开放性的程度如何对教师建言的影响极大。

访谈发现，教师非常关注行政领导的及时反馈。"其实我们领导都比较平易近人，真的为学校建言他们会马上接纳的"（S10）。"我觉得能够落实的会很快落实，不能很快落实的话，他们会记在心里，然后能解决的时候，有机会的时候会推一把"（S07）。然而，现实中有些问题确实很难解决，虽然教师也能理解，但还是会希望得到及时的反馈和解释。"有些意见不反馈的，反馈的一般都是些鸡毛蒜皮的事，一些实质性的问题我觉得是得不到反馈的"（S01）。

行政领导下基层主动征言为普通教师建言提供了机会，然而如果教师感受不到征言的诚心，认为领导征言只是完成形式任务，就会直接打击他们的积极性，甚至产生抵触情绪。"我觉得氛围很重要，不能讲一套做一套。下基层真的要沉下去才是下基层，就这么围起来，你听听意见人家就会提了？"（S05）"每次座谈会一定要叫我们说一点，然后又不知道说啥，最后还得心里慌"（S11）。

每个人都有自己的立场，教师表达的内容可能有点片面、有点功利，但是领导的包容和接纳会让他们更愿意开口。"我觉得作为领导层，应该敞开胸襟，广纳善言，言者无罪，闻者足戒。因为我更愿意相信我们大多数老师还是出于对学校发展的公心，当然，有的说的未必在点子上，甚至还会有一些错误。我觉得这些都需要理解和包容"（S03）。"功利其实是正常的，对每一个老师来讲，他更多的是考虑自身的角度，这是很正常的人的本性，如果不能接纳这点，学校肯定发展不了"（S04）。

二、教师建言行为影响因素的结构路径

（一）研究假设

1. 行为态度、主观规范、知觉行为控制对建言行为意向的影响

态度一直是社会心理学领域理论和应用工作中的核心与关键因素，可以解释和预测很多行为，如一致性和群体凝聚力、偏见和歧视、沟通和说服、因果归因、群体决策、人际吸引和亲密关系、冲突解决、认知一致性、判断偏见和错误等（Ajzen I & Fishbein M，2005）。高校教师建言的行为态度反映了教师对建言行为的支持或反对态度，包括工具性态度和情感性态度。访谈中发现是否对自己有用是教师评价建言行为的主要标准。有学者针对一所研究型大学的调查研究也发现，教师参与治理存在"选择性参与"现象，当教师个人利益与学校利益冲突或个人利益受到威胁时，维护个人利益成为大多数教师的实践逻辑（毛金德，2020）。

主观规范反映了重要他人和教师自我责任感对教师建言所带来的压力，包括他人规范和自我规范。领导及同事是高校教师最主要的社会网络，对高校教师的行为具有重要影响作用，如有学者研究发现，领导及同事作为主观规范的重要他人之一，影响了高校教师的人力资本迁移意愿（张昭俊等，2020）。放弃抵抗、顺从学校的管理是大多数高校教师尤其是青年教师的生存策略。有学者调查研究发现，受到新管理主义文化的影响，高校青年教师作为理性人，其行动选择处于生存理性与效用理性的连续体中，与发展需求相比，以稳定教职为标志的生存需求驱使教师们在行动上更加倾向顺从策略（任可欣和余秀兰，2021）。段锦云等（2015）通过实证研究发现员工对建言的看法、感知到的他人对自己建言的期望均对员工建言角色认同有着正向影响，进而影响了其建言行为。有学者实证研究发现，建设性变革的责任感知对员工的促进性建言和抑制性

建言都有正向影响（Liang J et al.，2012）。有学者研究发现，源自个人道德责任感的道德规范对高中生的亲环境行为意向有正向预测作用（Leeuw A D et al.，2015）。由于建言往往涉及公共利益，除了他人对教师建言行为的期望和示范，教师个人的职业使命感和公共责任感也会影响其行为选择。教师普遍缺乏公共事务参与精神是影响当前高校教师参与治理成效的重要制约因素（刘爱生，2020；毛金德，2020；赵小焕和眭依凡，2021）。

知觉行为控制反映了教师对自己建言所拥有的能力、资源和机会等促进或阻碍因素的感知，包括参与治理能力、时间资源（时间压力）、行政领导的合作（沟通开放性）。有学者研究发现，高校教师的管理知识和能力、工作负担和时间等因素影响了其参与管理（宁芳，2016）。参与治理能力是高校教师有效参与的前提，能力的程度决定了教师参与的层次（吴艳云，2020）。有学者对中小学教师的调查研究发现，没有能力（60.9%）、没有时间（40.4%）、没有相关参与渠道和途径（34.7%）是阻碍教师参与学校治理的主要因素（冯捷，2019）。

根据计划行为理论，行为态度、主观规范、知觉行为控制是影响行为意向的三大核心因素。有学者针对中学教师的实证研究发现，行为态度、主观规范、知觉行为控制对教师参与学校治理行为意向具有显著影响效应（魏叶美和范国睿，2021）；有学者针对大学生的实证研究发现，行为态度、主观规范、知觉行为控制对大学生参与管理行为意向具有显著影响效应（李思瑶，2019）；有学者实证研究发现，科学家参与公共科学活动意愿受到四个方面因素的影响：过去的行为（过去参与公共参与活动的程度）、态度（科学家是否认为参与公共参与活动是积极的）、感知行为控制（科学家是否觉得有能力参与公共参与活动）和描述性规范（科学家感知同事参与公共参与活动的程度）。相比之下，指令性规范、道德规范、感知适宜性、职业认同、时间和金钱限制对参与意愿没有显著预测作用（Poliakoff E & Webb T L，2007）。

根据以上分析，本研究提出如下假设：

H1：行为态度对建言行为意向有显著正向影响；

H2：主观规范对建言行为意向有显著正向影响；

H3：知觉行为控制对建言行为意向有显著正向影响。

2. 建言行为意向、知觉行为控制对建言行为的影响

行为意向反映个体执行行为的概率，可以预测行为的发生。根据计划行为理论，对于非个人意志所能控制的行为，除了行为意向以外，机会、资源等实际控制条件也会影响行为。高校教师建言行为依赖于学校的具体情境，是个人因素和环境因素共同作用下的结果，并非个人意志所能控制。建言需要教师具备相应的能力、充足的时间资源和信息资源，还取决于学校是否提供参与的渠道和机会等。有学者对 34 所高职院校的调查研究发现，高职教师参与院校治理的意识和意愿都较强，但实际参与行为不足（赵学瑶和邢丽，2018）。有学者对 24 所本科院校的调查研究也发现教师对学术决策的参与意愿较强，但实际参与率较低（张继龙，2017）。教师的参与意识和主观意愿、参与能力影响了教师参与的科学性、有效性（吴艳云，2020）。有学者对 90 个相关研究的分析发现，可控性显著增加了对行为的预测，但没有增加对意图的预测（Cheung S F & Chan K S，2000）。

根据以上分析，本研究提出如下假设：

H4：建言行为意向对建言行为有显著正向影响；

H5：知觉行为控制对建言行为有显著正向影响。

3. 感知风险、感知成就对行为态度的影响

本书在计划行为理论传统模型基础上，结合前面的访谈结果，借鉴相关研究增加了影响行为态度的感知风险和感知成就两大行为信念。

感知风险让教师选择了消极应对，减弱建言意向，被动接受学校的安排。教师建言可能会因为挑战行政领导权威而得罪领导，也可能因为损害同事利益而得罪周围的同事，给他人留下不好印象，不利于自己的个人发展。有学者通过对国内 A 大学的个案研究发现，不少教师担心提意见和建议会给领导留下不好的印象甚至遭到打击报复（朱家德，2017）。高校教师建言会顾虑领导权威和同事人际关系，中庸思想影响建言意愿，普遍认

为不建言更加简单省事（朱优佩等，2015）。建言是一种具有挑战性和风险性的人际间沟通行为，可能会对人际关系和个体的职业生涯带来负面影响（段锦云和张倩，2012）。有学者针对员工的建言行为研究发现，员工提出建言行为将会增加其成为同事妒忌目标的可能性，进而招致同事的排斥（詹小慧等，2018）；有学者对科研人员的数据重用行为研究发现，感知风险作为一种特定的行为信念影响了行为态度，进而影响了行为意愿（魏银珍等，2020）。教师对建言感知到风险在某种程度上也体现了对行政领导的低信任度。信任是影响教师参与治理有效性的重要因素（李立国，2019；Crellin M A，2010；Pope M L，2004）。有学者针对用户在线知识付费行为的研究发现，信任影响了态度，进而影响了行为意向和行为（李钢等，2018）。

与感知风险相对应，感知成就则让教师选择了积极应对，增强建言意向，主动提出意见和建议。麦格雷戈（Douglas McGregor，1960）的 Y 理论，与传统人事管理理论——X 理论对称，也称"成就人"假设，该理论以马斯洛需要层次理论作为基础，认为对人的管理要从"指挥和控制"转变到"激励和引导。"麦格雷戈提出了参与式和协商式管理，即在作出与人们工作有直接关系的决策时，需要给他们提供某些发言权，并创造机会满足其社会需要和自我实现需要（李思瑶，2019）。制度的合理、科学设计会对建言行为产生积极影响，若将员工的利益与组织利益发展相挂钩，员工就可能主动建言（Bae K S et al.，2011）。有学者对斯里兰卡大学教师的实证研究发现，除了计划行为理论的三大核心变量（行为态度、主观规范和知觉行为控制）外，认可和奖励也影响了大学教师的参与外展活动意向（Wijerathna R et al.，2015）。教师参与学科治理的长效运行需要学校关注教师的利益，使教师获得尊严感和组织归属感（杨超，2018）。有学者从个人—组织匹配的视角研究发现，高职院校教师个人需求与学校供给匹配能促进高职院校教师的创新行为（郑琼鸽和余秀兰，2021）。有学者借鉴计划行为理论和技术接受模型，对约旦大学教师的实证研究发现，E – learning 行为意向受到态度、主观规范和知觉行为控制的影响，行为态度在感知有用性和 E – learning 行为意向之间具有中介作用（Altawallbeh M et al.，2015）。维护自身权益是普通教师的主要成就之一，能让他们感知到建言的"有用性"。有学者针对高校教师参与治理内容的调查研究发现，教师对于切身利益相关的收入待遇方面的参与治理意愿较高，而对集体利益相关的院校发展方面的参与意愿较低（郭娇和徐祯，2018）。

根据以上分析，本研究提出如下假设：

H6：感知风险对行为态度有显著负向影响；

H7：感知成就对行为态度有显著正向影响。

4. 知觉行为控制、主观规范对行为态度的影响

态度、主观规范和知觉行为控制之间存在潜在关系。知觉行为控制包含教师对建言行为的自我效能感和可控性。教师建言的知觉行为控制会影响其对建言行为本身的价值判断和情绪反应。教师如果感知到建言难度太大，自己没有足够的能力有效参与治理，就容易否定参与治理的价值，对建言产生抵触或冷漠等消极情绪。有学者对居民参与社区治理的实证研究发现，知觉行为控制不仅直接影响行为意向与行为，还通过参与治理的行为态度对行为意向和行为产生间接影响（张红和张再生，2015）。有学者构建了员工建言效能感的结构，并研究证实了员工一般自我效能感可经由建言效能感的中介作用对建言行为产生显著正向影响（段锦云和张倩，2012）。有学者以中学教师为研究对象，实证研究也发现知觉行为控制（主要指自我效能感）除了对教师参与学校治理意愿有直接正向预测外，还可通过参与学校治理的态度间接作用于参与学校治理意愿（魏叶美和范国睿，2021）。

主观规范也会影响教师对建言行为本身的价值判断和情绪反应。行政领导的期望和积极示范越多、教师个人的公共责任意识越强，越容易促成教师对建言行为的正面积极评价。张（Chang，1998）在计划行为理论基础模型中增加了从主观规范到行为态度的因果路径，研究发现修订后的模型拟合效果更好。有学者针对教师知识共享行为意向，构建了计划行为理论的拓展模型，研究发现主观规范对行为态度具有重要影响，教师因社会压力造成的共享意向和行为态度对知识共享意向的影响具有一定的相似性

（Punniyamoorthy M & Asumptha J A，2019）。有学者对西班牙大学的实证研究发现，主观规范可经由行为态度的中介作用、知觉行为控制的中介作用，对大学教师学术创业行为意向产生显著影响（Guerrero M & Urbano D，2014）。有学者研究发现，中学教师感受到的群体规范对其参与学校治理行为意愿具有约束、引导或激励作用，主观规范可通过参与治理态度间接作用于教师参与治理意愿（魏叶美和范国睿，2021）。

根据以上分析，本研究提出如下假设：

H8：知觉行为控制对行为态度有显著正向影响；

H9：主观规范对行为态度有显著正向影响。

（二）模型构建

综上所述，本书在计划行为理论传统模型五个核心变量的基础上，增加了感知风险和感知成就这两个影响行为态度的变量，并增加了主观规范对行为态度、知觉行为控制对行为态度的关系，构建了教师建言行为影响因素的结构路径假设模型（以下简称模型一），具体如图2－2所示。

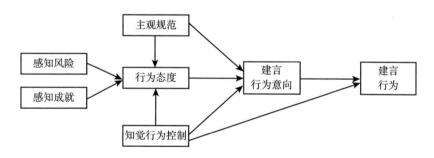

图2－2 教师建言行为影响因素的结构路径假设模型

三、知觉行为控制对教师建言行为的影响机制

根据计划行为理论，知觉行为控制既影响行为意向又可以直接影响行

为。为进一步了解教师建言行为的控制因素及其影响效应，提高对学校管理实践的参考价值，本研究将访谈中获得的知觉行为控制的三个因素作为独立变量作进一步分析。

（一）研究假设

1. 参与治理能力、时间压力、行政领导沟通开放性对建言行为意向的影响

教师参与治理能力是综合性的能力，主要包括信息掌控、问题解决和沟通表达三方面的能力。具备参与学校管理的知识与能力是教师参与学校管理的一个重要条件，能力不足是造成教师"无法参与"的原因之一（侯玉雪等，2019）。高校教师对自身所拥有的参与治理能力的主观判断和自信程度，直接影响了其建言的行为意向。随着大学管理越来越专业化，与行政人员相比，教师缺乏决策所必需的信息和技能（毛金德，2020）。普通教师如果缺乏足够的信息就难以提出有针对性的意见和建议。参与能力不仅是保障高校教师参与治理实践的前提，也是影响教师的利益诉求能否被行政人员认可和接受的重要因素（朱家德，2017）。虽然发现问题不容易，但是解决问题更难。只是找问题而不解决问题容易形成集体性抱怨，不仅使教师建言效果大打折扣，甚至还会引起行政领导对教师建言的冷漠和反感。教师建言行为本质上是一种人与人之间的沟通行为，好的意见建议还需要通过有效的沟通表达出来。信息掌控、问题解决和沟通表达这些能力都会影响教师建言的有效性，如果不具备足够的参与治理能力会影响教师参与治理的效能感，减弱教师建言行为的积极性。

时间作为重要的资源影响了很多行为的可控性，如有学者在研究家庭旅游活动意愿时，将时间有限性作为知觉行为控制的重要方面纳入计划行为理论分析模型（Heiny J et al.，2019）。高校教师尤其是广大青年教师工作负荷大、疲于完成各项考核指标是当前的普遍现象。青年教师被强制性地裹挟于科研产出的竞赛中，时间压力和焦虑让他们越来越像"知识工

人"（任美娜和刘林平，2021）。大学教师的岗位职责具有自主性、复杂性和创造性等特征，如果教师热衷于"学术锦标赛"，且大部分时间被"教学""科研"和各种"杂事"占据时，那么教师为学校建言献策等组织公民行为也必然随之减少（刘爱生，2020）。作为理性人，大部分教师有限的时间资源只能优先为自己个人利益服务，对建言行为这种涉及集体利益的事情只能心有余而力不足。

罗格斯（Rogers，1987）认为，沟通开放性意味着接受并回应他人的信息。开放沟通的环境有助于教师真实地表达自己的观点和意见，激发教师建言行为的积极性。受中国传统文化高权力距离等级观念的影响，教师作为学校的"被管理对象"，在工作中更倾向采用"沉默是金"的处事原则，较少主动跟行政领导建言。周浩等认为管理者征求建言是中国文化背景下破解组织员工建言难题的关键所在（周浩和盛欣怡，2019）。领导建言期望包含了领导对下属积极主动建言献策的支持和鼓励，可正向促进其建言行为的形成（徐悦等，2017）。如果领导鼓励下属参与决策，即使下属对建言角色认同水平较低，也可能会出于回报上级或组织的目的而建言（Huang X et al.，2010）。注重道德和信任，鼓励开诚布公进行沟通的领导，可以为下属行为带来一种积极的激励效应，进而提高组织的绩效。行政领导的沟通开放性可以减弱行政和学术两种文化差异对教师建言行为的影响。在高校办学实践中，行政领导会组织召开各类座谈会，征求广大教师的意见和建议。除了少数教师作为代表参加学术委员会、教代会等正式场合审议重要制度以外，学校很多重要制度在正式出台前都会在网上发布征求意见稿，广大教师都可以提出意见和建议。学术人员和行政人员之间的信任与合作是实现共治的必要条件（McDaniel M，2017）。感知到上级"伪建言"（即上级提供建言机会却不打算接受或采纳员工建言的行为）的员工会产生被欺骗、不信任和愤怒等消极情绪，形成对组织建言氛围负面评价，进而促使他们选择沉默而不再建言（Detert J R & Linda K，2010）。教师如果感知到行政领导向教师们征言只是走形式，就会失去对自己建言的信心和兴趣，减少建言的意向，进而选择沉默，放弃参与治理的机会。

根据以上分析，本研究提出如下假设：

H3a：参与治理能力对建言行为意向有显著正向影响；

H3b：时间压力对建言行为意向有显著负向影响；

H3c：行政领导沟通开放性对建言行为意向有显著正向影响。

2. 参与治理能力、时间压力、行政领导沟通开放性对建言行为的影响

提升教师的参与能力是大学教师参与大学治理、大学实现有效共治的必然选择（段俊霞，2016）。对自身参与治理能力的自信程度不仅会影响教师建言的行为意向，还可能会直接影响其实际建言行为。有学者对国内一所大学的案例研究发现，高校教师的参与能力偏弱，参与素养不足，参与意愿与参与能力之间存在着矛盾（朱家德，2017）。有学者对公众的社会治安治理行为研究发现，参与的机会和行为态度对参与意愿有正向显著影响，参与能力、参与机会和参与意愿正向影响公众参与行为（苏娜和庞济浩，2020）。

公开表达对组织潜在问题的担忧需要投入额外的时间和精力，有学者实证研究发现时间压力大会导致员工沉默，促使他们不再愿意付出资源来从事建言行为（易明等，2018）。教师建言行为需要掌握相关的信息资料，很多时候在提意见和建议之前还需要充分地思考和准备。即使一些教师有建言的行为意向，但由于受到临时任务等不确定性因素的影响，迫于时间压力可能无法执行实际建言行为。大学的政策制定是一个话语权博弈的政治过程，在绩效问责、竞争的市场环境影响下，教师等学术人员在大学治理中的地位越来越边缘化（朱贺玲和梁雪琴，2021）。有学者对 A 校的调查研究发现，不少受访教师表示其更愿意将时间精力用于完成学院的绩效考核目标，对参与治理积极性不高（赵小焕和眭依凡，2021）。

有效的大学内部治理有赖于行政群体和学术群体的沟通合作。建言行为并非教师个人的单向行为，往往需要行政领导的合作才能发生。相对于个人层面的参与治理能力和时间压力而言，访谈中发现行政领导沟通开放性（主要指对教师意见、建议的真诚听取、及时反馈和包容接纳）作为外

部控制因素，对教师建言行为具有较大的影响。有学者结合学校管理实践，认为学校领导方式对教师建言行为影响较大，学校领导应提高对教师建言的认识，由权威型领导转变为服务型领导，灵活应对和处理教师的建言行为（张颖，2016）。有学者基于479名中小学教师的实证研究发现，校长道德领导对教师建言行为具有显著正向影响（张森等，2018）。学者们实证研究发现，管理开放性可通过基于组织的自尊的中介作用影响员工建言行为（谢江佩等，2020）；管理者可信行为感知正向预测员工支持性建言和建设性建言行为，员工责任感知具有中介作用（张璐，2018）；当员工感知的沟通开放性较高时，伦理型领导对员工主动性行为的作用更强（贾建锋等，2020）；包容性领导（包含开放性和易接近性两个维度）能提高员工的心理安全感，促进员工的抑制性建言行为（井辉，2017）。

目前，国内高校普遍具有一定程度的行政化，行政领导的沟通开放性水平有待提高。在大学治理体系中，行政权力大于学术权力，行政领导处于强势地位，行政领导对教师反馈的反应性和接受性较低，教师往往处于弱势位置，以服从和尊重行政领导为主。行政领导沟通开放性越强，教师越容易感知到被尊重和被信任，更可能发生实际建言行为。有学者通过对全国13所本科院校340名教师的实证研究发现，在学院治理中，教师与行政人员的异质互动（包含真诚沟通、信任度、易接近性三个维度）是影响教师工作投入的重要因素（向东春，2020）。有学者实证研究发现，尊重高校教师的道德型领导风格，有利于激励他们提出新的想法，并信任他们自信地实践创新想法（Zahra T T et al.，2017）。有学者对454名高校教师的调查研究发现，教师建言受到沟通开放性、心理安全感两个关键因素的影响，不少教师表示教师建言的形式主义重于实质，领导对建言的反应性和接受性低下直接影响了教师再次建言的积极性（朱优佩等，2015）。

根据以上分析，本研究提出如下假设：

H5a：参与治理能力对建言行为有显著正向影响；

H5b：时间压力对建言行为有显著负向影响；

H5c：行政领导沟通开放性对建言行为有显著正向影响。

（二）模型构建

综上所述，由于知觉行为控制三个维度不具有同质性，为进一步分析影响教师建言行为的促进和阻碍因素，本研究将知觉行为控制三个维度作为自变量，构建了知觉行为控制对教师建言行为的影响机制假设模型（以下简称模型二）。具体如图 2-3 所示。

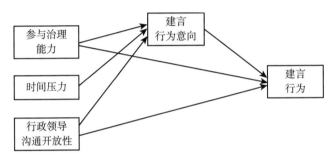

图 2-3　知觉行为控制对教师建言行为的影响机制假设模型

四、教师建言行为影响因素的组态效应

本研究在实证检验基础上利用定性比较分析方法进一步探索高校教师建言行为影响因素的组态效应。

（一）研究方法

定性比较分析（qualitative comparative analysis，QCA）由查尔斯 C. 拉金（Charles C. Ragin）在 1987 年出版的《比较方法：超越定性和定量策略之争》（*The Comparative Method：Moving Beyond Qualitative and Quantitative Strategies*）中正式提出。组态是指能够产生既定结果的条件的特定组合，这些条件包括促进因素、前因变量和决定因素等。QCA 采取整体的视角，将每个案例视为条件变量的"组态"，通过案例间的比较，找出条件组态与结果间的因果关系，聚焦于组态分析，而不是单个变量的"净效应"（杜运周和贾良定，2017）。QCA关注因果关系的多重并发性，认为因果关系依赖特定情境和组态，否认任何形式的恒定因果关系（Ragin et al.，2017）。QCA整合了定性研究和定量研究的优势，从线性分析转向"集合"分析。与回归分析等传统定量分析方法相比，QCA利用集合关系替代相关关系，认为不同因果路径可以导致相同的结果，在探索因果复杂性上具有独特的优势。与注重案例深描的传统质性研究方法相比，QCA通过多案例的系统比较，提高了研究结果的普适性。

近年来，QCA越来越受到管理学、社会学和政治学等领域学者的广泛关注。相对而言，目前教育领域应用QCA的研究较少。深入开展教育问题的因果机制研究是教育研究的重要方向，正如有学者所言，QCA丰富了教育实证方法的"工具箱"，是打开教育问题因果机制"黑箱"的有力工具（陈向东和杨德全，2020）。教师的行为具有多重产生路径，同样的因素在不同的情境下会有不同的结果。QCA研究可为高校突破传统单线管理模式，从组合角度优化教师行为的激励机制提供思路（郑琼鸽和余秀兰，2021）。

QCA并不限于中小样本，同样适用于大样本。早期QCA主要应用于小样本的跨案例比较研究，近年来QCA在大样本研究中的功能也开始显现。QCA和定量研究虽有差异但并不冲突，两者可以相互补充，提高研究的预测和解释能力。越来越多的研究整合了QCA与主流统计分析方法（多元回归、T检验和结构方程模型等）。有学者研究发现，根据QCA和统计分析方法的先后顺序，相关整合性研究大致分为两类：先统计分析后QCA、先QCA后统计分析（张明和杜运周，2019）。前者主要是补充对已有前因变量的组合分析，更好地对结果变量提供情境化解释；后者主要是量化组态，进一步分析组态中各个条件变量对结果的影响效应。将量化分析方法与QCA相结合，当数据量大时，可先通过常规的统计分析，以缩小进入QCA分析的前因条件以及案例的数量（Meuer J & Rupietta C，2017）。

本研究借鉴第一类整合性研究，在实证检验获得教师建言行为主要影响因素的基础上，再借助 QCA 进一步探索这些因素的搭配组合，以期为高校教师建言行为提供更具情境化的解释。

（二）模型构建

由于参与治理能力、时间压力和行政领导沟通开放性是知觉行为控制的维度，为精简前因条件，本研究不考虑将知觉行为控制再重复作为前因条件。为更好地了解实际行为和行为意向之间的差距，寻找管理的情境突破口，本研究分别构建了教师建言行为意向影响因素的组态模型（以下简称模型三）和教师建言行为影响因素的组态模型（以下简称模型四），如图 2－4 和图 2－5 所示。具体前因条件变量待实证检验后再做进一步删减。

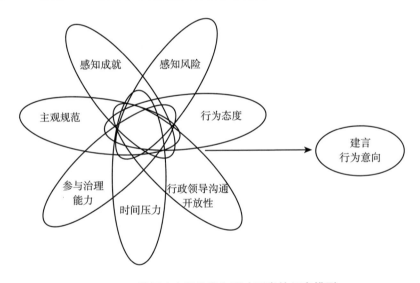

图 2－4　教师建言行为意向影响因素的组态模型

模型三以教师建言行为意向为结果变量，包括感知成就、感知风险、行为态度、主观规范、参与治理能力、时间压力和行政领导沟通开放性七个条件变量；模型四以教师建言行为为结果变量，包括建言行为意向、感知成就、感知风险、行为态度、主观规范、参与治理能力、时间压力和行政领导沟通开放性八个条件变量。

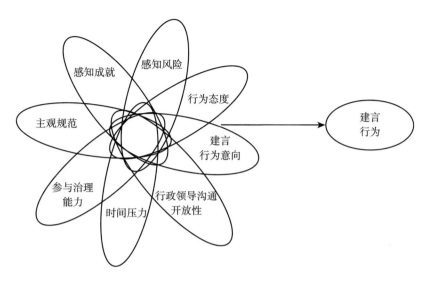

图 2-5　教师建言行为影响因素的组态模型

五、本章小结

　　本章首先介绍了本研究的主要理论基础计划行为理论，解析了影响个体行为的核心变量及其作用机制；然后以计划行为理论为分析框架，利用浙江省 Z 校的小样本访谈获得教师建言行为的主要影响因素，借鉴扎根理论三阶段编码方法共提取 19 个隶属、7 个次隶属和 4 个主隶属，其中，行为态度主隶属包含"感知风险""感知成就"两个次隶属，主观规范主隶属包含"他人规范"和"自我规范"两个次隶属，知觉行为控制包含"参与治理能力""时间压力""行政领导沟通开放性"三个次隶属。

　　结合访谈分析结果，本研究借鉴教师参与治理和计划行为理论相关研究，在传统计划行为理论五个核心变量的基础上，增加了影响行为态度变量的感知风险和感知成就两个变量，增列了主观规范到行为态度、知觉行为控制到行为态度的路径，构建了教师建言行为影响因素的结构路径假设模型（模型一）。本研究旨在了解教师建言行为的关键影响因素，为学校管理工作提供应对策略。为进一步了解教师建言行为的主要控制因素及其影响效应，以期提高本研究的实践参考价值，本研究还将知觉行为控制三个维度作为自变量，构建了知觉行为控制对教师建言行为的影响机制假设模型（模型二）。模型一和模型二共提出了 15 个研究假设，具体内容如表 2-3 所示，这些假设将在后续章节中进行实证检验。

表 2-3　　　　　　　　　本研究相关假设汇总

序号	假设
H1	行为态度对建言行为意向有显著正向影响
H2	主观规范对建言行为意向有显著正向影响
H3	知觉行为控制对建言行为意向有显著正向影响
H4	建言行为意向对建言行为有显著正向影响
H5	知觉行为控制对建言行为有显著正向影响
H6	感知风险对行为态度有显著负向影响
H7	感知成就对行为态度有显著正向影响
H8	知觉行为控制对行为态度有显著正向影响
H9	主观规范对行为态度有显著正向影响
H3a	参与治理能力对建言行为意向有显著正向影响
H3b	时间压力对建言行为意向有显著负向影响
H3c	行政领导沟通开放性对建言行为意向有显著正向影响
H5a	参与治理能力对建言行为有显著正向影响
H5b	时间压力对建言行为有显著负向影响
H5c	行政领导沟通开放性对建言行为有显著正向影响

本研究在实证检验基础上利用定性比较分析方法进一步探索高校教师建言影响因素的组态效应。本章分别构建了教师建言行为意向影响因素的组态模型（模型三）和教师建言行为影响因素的组态模型（模型四），这两个模型将待后续实证检验后再做进一步修正。

第三章

研究工具与数据准备

　　结合第二章的模型构建，本章的核心内容是研究工具的开发和修订。基于相关文献和前期访谈分析结果，本研究初步设计了包含问卷导语、个人基本信息和七个相关变量测量工具三大部分的调查问卷。通过小样本预调查对七个量表进行了信效度检验，删除了相关性较低的测量题项，形成了正式调查问卷。本章还介绍了正式调查的样本来源情况，并对正式调查收集的数据进行了信效度检验，为后续研究做了数据准备。

一、问卷设计

（一）问卷设计的原则和内容

为充分调动教师们填写问卷的积极性，提高问卷的真实性和有效性，本研究在设计问卷时遵照以下几大原则。

（1）应答者是否有足够的耐心认真回答完问卷的所有题项，直接影响了问卷数据的真实性。过多的题目会使应答者厌烦，因此在设计问项时，本研究在保证涵盖研究变量基本维度的基础上，尽量精简每个维度的题目数量。本研究采用问卷星电子问卷实施调查。为表达对教师们填写问卷的支持和感谢，本研究在问卷星后台设置了红包发放，填完问卷可以在线抽取一个 5~8 元的微信红包，100% 中奖。

（2）应答者是否准确理解题项的内容会直接影响问卷的有效性。本研究在设计问卷时尽量使用通俗易懂、意义明晰的语言文字。由于在访谈中发现，教师对"建言"一词比较敏感，容易带入情感，将其窄化为历史上的"进谏"和"进言"，甚至存有"打小报告"的误解。本研究在调查问卷中采用"参与治理"这一更中性的词作为替代，将"建言行为"的概念内涵赋予"参与治理行为"，并在量表前面对"高校教师参与治理行为"和"行政领导"这两个概念进行了备注说明。问卷编制完成后，在正式大规模调查之前进行了小范围的预测试，结合反馈的问题和建议对变量题项进行筛选，进一步完善问卷题项表述。

（3）本调查的主旨是高校教师建言行为及其影响因素，不少题项涉及对行政领导的态度和行为评价，因此带有一定的敏感性。本研究在问卷导语部分说明问卷调查采用匿名形式，承诺对个人资料保密，尽量减少被调查教师的心理负担和压力。

本研究的调查问卷内容主要包含以下四个方面。

（1）问卷导语。简要介绍调查的目的和意义、承诺信息保密等。

（2）个人基本信息。主要包括学校类型、性别、职称、学历、工作年限等人口统计学变量，以及期望参与的具体事务、实际参与的具体事务、建言渠道和建言对象等。

（3）高校教师建言行为相关变量的测量量表。包括感知风险、感知成就、行为态度、主观规范、知觉行为控制、行为意向和行为七个量表，每个量表设置多个题项进行测量。问卷题项的设计主要源自计划行为理论相关研究成果、教师参与治理相关研究成果以及前期的访谈分析结果。量表均采用李克特五级量表，从"非常不符合"到"非常符合"，依次赋分1、2、3、4、5。

（4）高校教师对参与治理的建议。在调查问卷最后部分设置了一道开放式主观题——您认为有哪些措施可以提高教师参与治理的积极性？该题为选答题，主要用于获取促进教师积极建言相关建议的补充信息。

（二）变量测量

1. 感知风险和感知成就的测量

感知风险（Pr）反映了教师对建言行为（参与治理行为）可能会造成的风险（不好结果）的感知。参照教师参与治理相关研究和第二章访谈分析结果，感知风险包括得罪行政领导、破坏与同事的关系、给他人留下负面印象等方面，共设计了五个测量题项，具体题项如表3-1所示。

表3-1　　　　　　　　　　　　感知风险量

潜变量	测量题项
感知风险	Pr_01：我觉得参与治理可能会得罪行政领导
	Pr_02：我觉得参与治理可能会惹行政领导不高兴
	Pr_03：我觉得参与治理可能会损害同事利益
	Pr_04：我觉得参与治理可能会破坏我与其他同事的和谐关系
	Pr_05：我觉得经常参与治理可能会给他人留下不安分守己的负面印象

资料来源：朱家德（2017）、段俊霞（2016）、阿耶兹（Ajzen，2006）以及笔者访谈资料。

感知成就（Pa）反映了教师对建言行为（参与治理行为）可能会产生

的成就（好的结果）的感知。参照教师参与治理相关研究和第二章访谈分析结果，感知成就包括提高学校管理效率、维护个人权益、实现自我价值等方面，共设计了六个测量题项，具体题项如表 3 - 2 所示。

表 3 - 2 感知成就量

潜变量	测量题项
感知成就	Pa_01：我觉得参与治理可能会提高学校的管理效率
	Pa_02：我觉得参与治理可能会提高学校相关政策制度的科学合理性
	Pa_03：我觉得参与治理可能会维护我的个人正当权益
	Pa_04：我觉得参与治理可能会争取到专业（团队）的利益
	Pa_05：我觉得参与治理可能会获得周围领导同事的认可
	Pa_06：我觉得参与治理可能会实现我的自我价值

资料来源：杨超（2018）、阿耶兹（2006）、埃凯尔（Eckel，1999）以及笔者访谈资料。

2. 行为态度、主观规范、知觉行为控制的测量

行为态度（Atb）反映了教师对建言行为（参与治理行为）的支持或反对态度，包括工具性态度和情感性态度两个维度。访谈发现行为态度主要体现为工具性态度，考虑到情感性态度可能在访谈中被工具性态度弱化，因此对行为态度的量表编制参照其他相关研究设置了工具性态度和情感性态度两个维度。共设置了七个题项，其中工具性态度设置了四个题项（Atb_01 ~ Atb_04），情感性态度设置了三个题项（Atb_05 ~ Atb_07）。测量题项的内容参照计划行为理论相关研究、参与治理相关研究和访谈资料，其中情感性态度测量题项主要参照魏叶美（2021）关于中小学教师参与治理相关题项，具体题项如表 3 - 3 所示。

表 3 - 3 行为态度量

潜变量	维度	测量题项
行为态度	工具性态度	Atb_01：我觉得参与治理是必要的
		Atb_02：我觉得参与治理是有益的
		Atb_03：我觉得参与治理是明智的
		Atb_04：我觉得参与治理是值得的

续表

潜变量	维度	测量题项
行为态度	情感性态度	Atb_05：我对参与治理很感兴趣
		Atb_06：参与治理让我感到很自豪
		Atb_07：参与治理让我感到很愉悦

资料来源：阿耶兹（2006）、博克等（Bock et al.，2005）、魏叶美（2021）以及笔者访谈资料。

主观规范（Sn）反映了教师感知到的来自行政领导等重要他人对其建言行为（参与治理行为）的压力。根据前期访谈，教师建言行为既受到行政领导和同事等重要他人的示范性规范及指令性规范的影响，还受到职责使命等个人自身规范的影响。因此，本研究将主观规范设置为他人规范和自我规范两个维度。共设置了八个题项，其中，他人规范设置了五个题项（Sn_01～Sn_05），自我规范设置了三个题项（Sn_06～Sn_08）。题项的测量参照计划行为理论相关研究、教师参与治理相关研究和访谈资料，其中他人规范的测量题项（Sn_03～Sn_05）参照魏叶美（2021）关于中小学教师参与治理主观规范相关题项，具体题项如表3-4所示。

表3-4 主观规范量

潜变量	维度	测量题项
主观规范	他人规范	Sn_01：校（院）行政领导期望老师们多参与治理
		Sn_02：校（院）行政领导参与学校治理很积极
		Sn_03：周围的同事参与学校治理很积极
		Sn_04：同事参与的态度和行为会影响到我
	自我规范	Sn_05：我一般会跟从大家的脚步
		Sn_06：作为集体一份子，参与治理是我的责任
		Sn_07：参与治理是学校赋予我的岗位职责
		Sn_08：知识分子应该敢于发言，积极参与学校治理

资料来源：毛金德（2020）、刘爱生（2020）、赵小焕等（2021）、阿耶兹（2006）、魏叶美（2021）以及笔者访谈资料。

知觉行为控制（Pbc）反映了教师对自己所拥有的能力、资源和机会等促进或阻碍建言行为（参与治理行为）因素的自信程度或控制程度。参照教师参与治理相关研究和前期访谈结果，知觉行为控制主要包括对个人自身参与治理能力的自信程度、时间压力的控制程度和行政领导沟通开放性的控制程度三个方面。因此，本研究将知觉行为控制设置为三个维度，题项的测量参照计划行为理论、教师参与治理相关研究、访谈资料、时间压力量表和沟通开放性量表。共设置了 13 个题项，其中参与治理能力设置四个题项（Pbc1_01 ~ Pbc1_04），时间压力设置四个题项（Pbc2_01 ~ Pbc2_04），行政领导沟通开放性设置五个题项（Pbc3_01 ~ Pbc3_05），具体题项如表 3 - 5 所示。

表 3 - 5　　　　　　　　　　　知觉行为控制量

潜变量	维度	测量题项
知觉行为控制	参与治理能力	Pbc1_01：我具备参与治理所需的信息掌控能力
		Pbc1_02：我具备参与治理所需的问题解决能力
		Pbc1_03：我具备参与治理所需的沟通交流能力
		Pbc1_04：我对自己参与治理的能力比较自信
	时间压力	Pbc2_01：我没有充足的时间精力参与治理工作
		Pbc2_02：我平时需要及时完成的任务很多
		Pbc2_03：我面临完成绩效考核任务的巨大压力
		Pbc2_04：我的时间不是自己能掌控的
	行政领导沟通开放性	Pbc3_01：我确信行政领导会及时反馈教师的意见和建议
		Pbc3_02：我确信行政领导会主动征求教师的意见和建议
		Pbc3_03：我确信行政领导向教师征求意见是真诚的
		Pbc3_04：我确信行政领导会耐心倾听教师的意见和建议
		Pbc3_05：我确信行政领导会包容理解教师提出的意见和建议

资料来源：刘爱生（2020）、毛金德（2020）、赵小焕等（2021）、吴艳云（2020）、段俊霞（2016）、阿耶兹（2006）、魏叶美（2021）、马尔卢平等（Maruping et al.，2015）、布林等（Breen et al.，2005）以及笔者访谈资料。

3. 行为意向、行为的测量

行为意向（Bi）反映了教师愿意建言（参与治理）并为之付出努力的程度。参照教师参与治理相关研究和前期访谈资料，教师建言（参与治理）行为意向主要指教师愿意为参与治理增加额外工作量、付出额外时间、积极承担治理责任、为学校发展建言献策等方面。共设计了四个测量题项，具体题项如表3-6所示。

表3-6   行为意向量

潜变量	测量题项
行为意向	Bi_01：我能接受在完成其他任务的基础上多参与学校治理工作
	Bi_02：我能接受牺牲一些休息时间参与学校治理工作
	Bi_03：我愿意承担参与学校治理的职责
	Bi_04：我愿意为校（院）相关政策制度建言献策

资料来源：阿耶兹（2006）、魏叶美（2021）、郭娇（2018）以及笔者访谈资料。

行为（B）反映了教师的实际建言行为（参与治理行为）情况。参照教师参与治理相关研究和前期访谈资料，教师建言行为包括在教职工代表大会等各种场合参与政策制定、私下场合向行政领导建言献策等，共设计了四个测量题项，具体题项如表3-7所示。

表3-7   行为量

潜变量	测量题项
行为（B）	B_01：我曾在校（院）教代会等正式场合提出过意见和建议
	B_02：我曾在私下场合跟校（院）行政领导建言献策
	B_03：我最近正在通过各种渠道了解校（院）发展的重大事项
	B_04：我最近正在参与校（院）相关政策制度的研讨工作

资料来源：阿耶兹（2006）、郭娇（2018）以及笔者访谈资料。

（三）预调查与问卷修订

为了提高调查问卷的科学性和有效性，本研究在问卷编制完成后首先进行了小范围的预测试。预测试的主要目的是检验问卷的信度与效度，删减与研究变量相关不大、信度不高的题项，同时，通过被调查者对问卷的反馈，可以发现题项是否存在表述模糊等问题，有利于提高问卷的清晰度。

通常来说，预试样本数应至少为量表（调查问卷题项最多的分量表）题项数的5倍，如果达到5~10倍，则后续因子分析结果会比较稳定

（吴明隆，2010）。在本研究的预测试问卷中，"知觉行为控制"量表题项最多（13题），因此预测试样本在65～130份为宜。本研究选择研究者所在学校Z校（浙江省高职院校）为主要预调查对象，并抽取少数宁波大学、浙大宁波理工学院等浙江省本科学校样本作为补充，共发放问卷130份，回收有效问卷102份，有效回收率为78.46%，样本量符合因子分析的标准。被调查对象中，男性和女性均为51人，各占50%；人文社科63人、占61.8%，自然科学39人、占38.2%；工作年限在5年及以下为5人、占4.9%，6～10年的13人、占12.8%，11～20年的65人、占63.7%，21年以上的19人、占18.6%；本科及以下12人、占11.8%，硕士研究生71人、占69.6%，博士研究生19人、占18.9%；职称为初级的占5.9%，中级占48.0%，副高占32.3%，正高占13.7%。总体上，预调查样本分布比较合理，具有一定的代表性。

由于本研究的量表并不成熟，因此需要对量表进行信效度检验。本研究采用校正的项总计相关系数（Corrected - item total correlation，CITC）、克隆巴赫 α 系数（Cronbach's α 值）和探索性因子分析对题项进行删减。

CITC是检验量表中某个测量题目与其余所有测量题目之和的相关系数，CITC越高，说明该题项与其余题项的同质性越高，一般以CITC大于0.4作为题项保留的判断标准。

信度是指量表所得结果的稳定性和一致性，本研究检验了每个维度的内部一致性 Cronbach's α 系数。德维利斯（Devillis，1991）认为 Cronbach's α 值应在0.65以上，0.65～0.7是最小可接受值，0.7～0.8相当好，0.8以上非常好（吴明隆，2010）。

效度是指量表所得结果的正确性，包括内容效度和建构效度。内容效度指量表内容或题目的适切性，建构效度指能够测量出理论的特质或概念程度（吴明隆，2010）。本研究测量题项的编制参考了相关文献和已有量表，结合了访谈资料的分析结果，并征求了相关专家的意见，具有一定的内容效度。本章主要通过探索性因子分析检验建构效度，并在因子分析前先进行 KMO 和 Bartlett's 球形检验。根据盖撒（Kaiser，1974）的观点，KMO 值应在0.5以上，0.5～0.7为勉强，0.7～0.9为适合，0.9以上为非常适合。根据塔巴克内克和费杰（Tabachnick & Fidell，2007）的观点，因素负荷量应在 0.45 以上，达到 0.55 是好的，达到 0.63 非常好，达到 0.71 为理想（吴明隆，2010）。

本研究对"感知风险""感知成就""行为态度""主观规范""知觉行为控制""行为意向""行为"七个量表进行逐一检验，具体信效度检验结果见附录 D。

1. 感知风险量表

感知风险量表共五个题项，每个测量题目的 CITC 值均大于 0.5，量表的 Cronbach's Alpha 值大于 0.8，信度较高。KMO 值为 0.718，Bartlett 球形显著性水平 P＜0.001，适合做因子分析。采用主成分分析和最大方差变异法正交旋转，共提取一个特征值大于 1 的公因子，累计解释了 65.839% 的方差，题项在公因子上的载荷最低为 0.690，基本在 0.8 以上，量表效度较高。因此，保留所有题项。

2. 感知成就量表

感知成就量表共六个题项，每个测量题目的 CITC 值均大于 0.5，量表的 Cronbach's Alpha 值大于 0.8，信度较高。KMO 值为 0.822，Bartlett 球形显著性水平 P＜0.001，适合做因子分析。采用主成分分析和最大方差变异法正交旋转，共提取一个特征值大于 1 的公因子，累计解释了 58.718% 的方差，每个题项在公因子上的载荷都大于 0.7，量表效度较高。因此，保留所有题项。

3. 行为态度量表

行为态度量表共七个题项，其中 Atb_01 ~ Atb_04 为工具性态度，Atb_05 ~ Atb_07 为情感性态度，每个测量题目的 CITC 值均大于 0.7，两个维度的 Cronbach's Alpha 值均大于 0.8，信度较高。KMO 值为 0.855，Bartlett 球形显著性水平 P＜0.001，适合做因子分析。采用主成分分析和最大方差变异法正交旋转，共提取两个特征值大于 1 的公因子，第一个公因子包含四个工具性态度题项，第二个公因子包含三个情感性态度题项，因子构念与量表原划分维度一致，累计解释了 83.874% 的方差，每个题项在相应公因子上的载荷都大于 0.8，量表效度较高。因此，保留所有题项。

4. 主观规范量表

主观规范量表共八个题项，其中 Sn_01 ～ Sn_05 为他人规范，Sn_06 ～ Sn_08 为自我规范，每个测量题目的 CITC 值均大于 0.4，两个维度的 Cronbach's Alpha 值均大于 0.7，信度较高。KMO 值为 0.684，Bartlett 球形显著性水平 P < 0.001，适合做因子分析。采用主成分分析和最大方差变异法正交旋转，共提取三个特征值大于 1 的公因子，第一个公因子包含三个自我规范题项，第二个公因子包含三个他人规范题项，第三个公因子包含两个他人规范题项，因子构念与量表原划分维度不一致。测量题项（Sn_03 ～ Sn_05）参照魏叶美（2021）关于中小学教师参与治理主观规范相关题项设计。由于第三个公因子的两个题项（Sn_04、Sn_05）偏向个人的内在从众心理，与 Sn_03 题项同质性不高。与个人的从众心理相比，本研究更关注外在的他人影响，因此综合考虑后将这两题删除。

对余下的六个题项进行二次探索性因子分析。KMO 值为 0.700，Bartlett 球形显著性水平 P < 0.001，适合做因子分析。采用主成分分析和最大方差变异法正交旋转，共提取两个特征值大于 1 的公因子，第一个公因子包含三个自我规范题项，第二个公因子包含三个他人规范题项，因子构念与量表原划分维度一致，累计解释了 71.188% 的方差，每个题项在相应公因子上的载荷都大于 0.55，量表效度较高。因此，保留所有六个题项。

5. 知觉行为控制量表

知觉行为控制量表共 13 个题项，其中 Pbc1_01 ～ Pbc1_04 为参与治理能力，Pbc2_01 ～ Pbc2_04 为时间压力，Pbc3_01 ～ Pbc1_05 为行政领导沟通开放性，每个测量题目的 CITC 值均大于 0.4，三个维度的 Cronbach's Alpha 值均大于 0.7，信度较高。KMO 值为 0.782，Bartlett 球形显著性水平 P < 0.001，适合做因子分析。采用主成分分析和最大方差变异法正交旋转，共

提取三个特征值大于 1 的公因子，第一个公因子包含五个行政领导沟通开放性题项，第二个公因子包含四个参与治理能力题项，第三个公因子包含四个时间压力题项，因子构念与量表原划分维度一致，累计解释了75.808% 的方差，每个题项在相应公因子上的载荷都大于 0.6，量表效度较高。因此，保留所有题项。

6. 行为意向量表

行为意向量表共四个题项，每个测量题目的 CITC 值均大于 0.7，量表的 Cronbach's Alpha 值大于 0.8，信度较高。KMO 值为 0.774，Bartlett 球形显著性水平 P<0.001，适合做因子分析。采用主成分分析和最大方差变异法正交旋转，共提取一个特征值大于 1 的公因子，累计解释了 73.666% 的方差，每个题项在公因子上的载荷都大于 0.8，量表效度较高。因此，保留所有题项。

7. 行为量表

行为量表共四个题项，每个测量题目的 CITC 值均大于 0.4，量表的 Cronbach's Alpha 值大于 0.7，信度较高。KMO 值为 0.667，Bartlett 球形显著性水平 P<0.001，适合做因子分析。采用主成分分析和最大方差变异法正交旋转，共提取一个特征值大于 1 的公因子，累计解释了 57.273% 的方差，每个题项在公因子上的载荷都大于 0.7，量表效度较高。因此保留所有题项。

综上所述，主观规范量表的 Sn_04 和 Sn_05 题项予以删除，保留剩下的六个题项，其他量表的题项全部保留。由于教师们填写后对问卷的反馈较好，问卷内容比较好理解，不存在语意含糊的词语，因此保留原有的问卷导语、备注说明和测量题目的描述情况。通过小样本预测试的结论可以初步判定量表的信效度较好，适合做正式调研。本研究形成的正式问卷共包括七个量表，其中感知风险量表、感知成就量表、行为意向量表和行为量表是单维度量表，行为态度量表包含工具性态度和情感性态度两个维度，主观规范量表包含他人规范和自我规范两个维度，知觉行为控制量表包含参与治理能力、时间压力和行政领导沟通开放性三个维度，每个量表包含 4 ~ 13 个题项，具体见附录 C。

二、数据来源与统计

（一）样本与数据来源

本研究的调查对象为高校专任教师，不包括行政人员和教辅人员。由于是否兼行政职务对教师建言行为具有较大的影响，因此问卷调查选择的样本也不包括兼行政职务的中层干部和校领导。理论而言，本研究的调查对象为全国高校教师，样本应覆盖全国各地高校。由于本研究没有依托专业调查机构和平台收集数据，而是基于个人力量实施调查，因此开展全国性大范围抽样调查具有很大的难度。为提高样本的代表性，本研究在调研可行性的基础上，综合考虑学校类型和区域分布，选择研究者工作单位所在省份浙江省作为东部地区代表，选择高校数量相对较多的川渝地区（四川省和重庆市）作为中西部地区代表，东部地区和中西部地区分别按照"双一流高校""一般本科院校""高职高专院校"三个层次进行了抽样。

由于教师问卷的收集难度较大，线上问卷填写和转发都会更方便，因此，本研究在正式调查阶段仍然采用"问卷星"数据平台制作电子问卷，主要通过以下方式发放问卷：委托师门的同门、同学、兄弟院校科研处老师向他们所在学校发放问卷；选择微信、QQ 联系人中的高校教师进行点对点问卷发放，同时请他们帮忙进行问卷再投放；考虑到"双一流"高校样本获取较难，为提高样本数据的代表性，本研究还通过查阅浙江大学等学校网站获取教师的电子邮箱地址，随机抽取部分教师发放邮件作为收集数据的补充手段。

本研究面向成都、重庆、宁波、杭州、温州等地 20 所高校发放了电子问卷，共回收问卷 718 份。对回收的问卷进行逐一筛选，共剔除明显逻辑错误、勾选同一题项、答题时间少于 1 分钟等无效问卷 209 份后，最终获得有效问卷 509 份。样本的基本信息如表 3-8 所示。

总体而言,样本信息具有较好的分布特征。从学校类型来看,"双一流"大学 88 人、占 17.3%,一般本科院校 200 人、占 39.3%,高职高专院校 221 人、占 43.3%;从所属学科来看,人文社科 327 人、占 64.2%,自然科学 182 人、占 35.8%,这可能与人文社科教师对本研究更有兴趣、更积极填写有关系;从性别来看,男教师 221 人、占 43.6%,女教师 288 人、占 56.6%;从工作年限来看,5 年及以下的 143 人、占 28.1%,6~10 年的 129 人、占 25.3%,11~20 年的 176 人、占 34.6%,21 年以上的 61 人、占 12.0%;从学历来看,本科及以下 142 人、占 27.9%,硕士研究生 244 人、占 47.9%,博士研究生 123 人、占 24.2%;从职称来看,初级 138 人、占 27.1%,中级 199 人、占 39.1%,副高 137 人、占 26.9%,正高 35 人、占 6.9%。

表 3-8   问卷样本基本信息

变量	类别	频率(人)	百分比(%)	累计百分比(%)
学校类型	"双一流"大学	88	17.3	17.3
	一般本科院校	200	39.3	56.6
	高职高专院校	221	43.3	100.0
所属学科	人文社科	327	64.2	64.2
	自然科学	182	35.8	100.0
性别	男	221	43.4	43.4
	女	288	56.6	100.0
工作年限	5 年及以下	143	28.1	28.1
	6~10 年	129	25.3	53.4
	11~20 年	176	34.6	88.0
	21 年以上	61	12.0	100.0
学历	本科及以下	142	27.9	27.9
	硕士研究生	244	47.9	75.8
	博士研究生	123	24.2	100.0
职称	初级	138	27.1	27.1
	中级	199	39.1	66.2
	副高	137	26.9	93.1
	正高	35	6.9	100.0

（二）问卷信效度检验

尽管本研究在预测时已经对问卷进行了信度和效度检验，正式调查使用的是修订后的问卷，但由于两次调查的样本差异性和研究过程中的不确定性因素，同样需要对问卷进行信度和效度检验。具体信效度检验结果见附录 E。

1. 同源方差检验

同源方差是指由于测量中使用同一方法而导致的系统性偏差。由于本研究问卷所有题项都是教师通过自我报告的形式填写，因此需要排除同源方差带来的严重偏差。本研究采用 Harman 的单因子检验方法，对 45 个题项采用主成分分析法进行探索性因子分析，在未旋转情况下共提取 9 个特征值大于 1 的公因子，累计解释方差为 73.388%，其中最大因子特征值为 15.018，方差解释率为 33.373%，未超过临界值 50%，表明不存在严重的共同方法偏差问题。

2. 信度检验

本研究以 Cronbach's α 系数检验各量表的信度。感知风险、感知成就、行为意向、行为量表的 Cronbach's Alpha 值都大于 0.8，行为态度量表、主观规范、知觉行为控制量表各个维度的 Cronbach's Alpha 值也均大于 0.7，表明内部一致性较好，量表的信度水平较高。

3. 效度检验

由于本研究在预调查阶段利用探索性因子分析检验了量表的效度，修订后的量表显示了良好的效度水平，因此在正式调查中，本研究选用验证性因子分析进一步检验问卷的效度。

本研究通过计算组合信度（composite reliability，CR）和平均方差抽取量（average variance extracted，AVE）衡量模型的结构效度（模型的内在质量）。CR 主要评价潜变量的内部一致性，AVE 表示相较于测量误差变异量的大小，潜变量反映观测变量变异量的程度（吴明隆，2010）。一般认为，当 CR 大于 0.6、AVE 大于 0.5 时表示模型的收敛效度较好，当变量的 AVE 的平方根大于所有变量与它的相关系数则表明区分效度较好。本研究共涉及七个量表，对行为态度等多维度量表进行收敛效度和区分效度检验，对感知风险等单维度量表进行收敛效度检验即可。

CR 和 AVE 的计算公式如下：

$$CR = \frac{(\sum \lambda)^2}{[(\sum \lambda)^2 + \sum(\theta)]}$$

$$AVE = \frac{(\sum \lambda)^2}{[(\sum \lambda^2) + \sum(\theta)]}$$

其中，λ 为因子负荷量，θ 为测量误差变异量，λ 和 θ 都是标准化后的结果。

本研究对结构方程模型的评价采用整体模型适配度指标，参照吴明隆（2010）的建议，选择了七个指标作为检验指标，具体如表 3 - 9 所示。SEM 分析中允许指标变量的误差项有共变关系，为提高模型的拟合度，本研究在模型拟合过程中根据修正指标增列部分残差间的共变关系。

表 3 - 9　　　　　结构方程模型拟优度指标及其评价标准

	检验指标	判断标准
绝对适配指数	卡方自由度比值（χ^2/df）	<3 适配良好，<5 可接受
	适配度指数（GFI）	>0.90
	调整后适配度指数（AGFI）	>0.90
	渐进残差方和平方根（RMSEA）	<0.05 适配良好，<0.08 适配合理
相对适配指数	归准适配指数（NFI）	>0.90
	增值适配指数（IFI）	>0.90
	比较适配指数（CFI）	>0.90

（1）感知风险量表。感知风险量表的验证性因子分析结果显示，模型的七个拟合指标均达到判断标准，模型具有较好的拟合优度。观测变量的

因子载荷基本在 0.7 以上，最低为 0.69，CR 值为 0.870（大于 0.6），AVE 值为 0.573（大于 0.5），说明模型的收敛效度较好。

（2）感知成就量表。感知成就量表的验证性因子分析结果显示，模型的 χ^2/df 为 3.888（小于 5）满足相对宽松的条件，其他六个拟合指标均达到判断标准，模型具有较好的拟合优度。六个观测变量的因子载荷都大于 0.6，CR 值为 0.877（大于 0.6），AVE 值为 0.546（大于 0.5），说明模型的收敛效度较好。

（3）行为态度量表。行为态度量表的验证性因子分析结果显示，模型的 χ^2/df 为 3.584（小于 5），满足相对宽松的条件，其他六个拟合指标均达到判断标准，模型具有较好的拟合优度。行为态度量表包含工具性态度和情感性态度两个潜变量，CR 值分别为 0.928（大于 0.6）和 0.914（大于 0.6），AVE 值分别为 0.762（大于 0.5）和 0.781（大于 0.5），六个观测变量在各自潜变量上的因子载荷都大于 0.8，说明模型的收敛效度较好。

工具性态度与情感性态度的相关系数是 0.68，它们各自 AVE 的平方根分别是 0.871 和 0.884，均大于相关系数，表明两者是不同的两个构念，量表维度划分合理，区分效度良好。

（4）主观规范量表。主观规范量表的验证性因子分析结果显示，模型七个拟合指标均达到判断标准，模型具有较好的拟合优度。主观规范量表包含他人规范和自我规范两个潜变量，CR 值分别为 0.785（大于 0.6）和 0.859（大于 0.6），AVE 值分别为 0.550（大于 0.5）和 0.671（大于 0.5），六个观测变量在各自潜变量上的因子载荷都大于 0.6，说明模型的收敛效度较好。

他人规范与自我规范度的相关系数是 0.74，它们各自 AVE 的平方根分别是 0.742 和 0.819，表明两者区分效度不是很理想。本研究未打算将这两个维度作为独立变量进行分析，而是合并为主观规范一个变量，所以这两个维度区分度不大不会影响后续的效应检验。

（5）知觉行为控制量表。知觉行为控制量表的验证性因子分析结果显示，模型的七个拟合指标均达到判断标准，模型具有较好的拟合优度。知觉行为控制量表包含参与治理能力、时间压力和行政领导沟通开放性三个潜变量，CR 值分别为 0.931、0.816 和 0.946，均大于 0.6，AVE 值分别为 0.770、0.530 和 0.779，均大于 0.5，13 个观测变量在各自潜变量上的因子载荷都大于 0.6，说明模型的收敛效度较好。

参与治理能力、时间压力和行政领导沟通开放性的 AVE 的平方根分别是 0.877、0.728 和 0.883，均大于相关系数（0.31、0.32 和 0.22），表明三者是不同的三个构念，量表维度划分合理，区分效度良好。

（6）行为意向量表。行为意向量表的验证性因子分析结果显示，模型的 χ^2/df 略高，其他拟合指标基本达到判断标准，模型具有较好的拟合优度。四个观测变量的因子载荷都大于 0.7，CR 值为 0.899（大于 0.6），AVE 值为 0.690（大于 0.5），说明模型的收敛效度较好。

（7）行为量表。行为量表的验证性因子分析结果显示，模型的七个拟合指标均达到判断标准，模型具有较好的拟合优度。四个观测变量的因子载荷都大于 0.6，CR 值为 0.832（大于 0.6），AVE 值为 0.554（大于 0.5），说明模型的收敛效度较好。

三、本章小结

本章在参照计划行为理论相关研究成果、教师参与治理相关研究成果以及前期访谈分析结果的基础上，设计并修订了调查问卷。首先，阐述了问卷设计的原则和基本内容，问卷主要包含七个相关变量的量表、个人基本信息若干题项和一道关于建议的开放式主观题。感知风险、感知成就、行为意向和行为是单维度量表，行为态度包含工具性态度和情感性态度两个维度，主观规范包含他人规范和自我规范两个维度，知觉行为控制包含参与治理能力、时间压力和行政领导沟通开放性三个维度。其次，进行了小范围预调查，通过校正的项总计相关系数、探索性因子分析，克隆巴赫 α 系数对问卷的信效度进行了检验，删除了相关性不大的题项。最终形成的正式问卷包含七个量表（45 个题项）、个人基本信息 10 个题项、开放式主观题 1 项，共计 56 个题项。本研究分别以浙江省和川渝地区作为东部地区和中西部地区代表，选择了 20 所高校发放了电子问卷，共回收有效问卷 509 份。利用正式调查回收的数据，通过验证性因子分析和克隆巴赫 α 系数对问卷的信效度进行了检验。总体来看，模型的收敛效度较好，观测指标能有效反映潜变量，问卷具有较高的结构效度和信度。

第四章

高校教师建言行为及其影响因素的状况分析

　　本章在第三章问卷数据准备的基础上，分析了大学治理中教师的期望建言内容、实际建言内容、建言渠道和建言对象的基本情况，并对本研究涉及的相关变量进行了描述性统计分析和差异性分析。除了感知风险、感知成就、行为态度、主观规范、知觉行为控制、行为意向和行为这七个主要变量之外，本研究还将知觉行为控制的三个维度作为独立变量进行了具体分析。在描述性统计分析基础上，还分析了这十个变量在学校类型、性别、工作年限等方面的差异性，直观呈现了教师建言行为变量及其影响因素的基本状况。

一、教师建言的基本情况分析

（一）建言内容

本研究参照郭娇和徐祯（2018）的研究将高校教师建言的具体事务分为"教师聘用考核""教师收入待遇""人才培养""科研活动""学校发展战略"五个方面，并从期望建言内容和实际建言内容两个层面进行了问卷调查。

1. 期望建言内容

如图 4 - 1 所示，高校教师对人才培养的建言期望最多，在 509 名被调查教师中，有 362 人期望建言，达到 71.12%；其次是科研活动（337 人，达到 66.21%）、教师收入待遇（284 人，达到 55.80%）和教师聘用考核（231 人，达到 45.38%）；对学校发展战略的建言期望最少（188 人，达到36.94%）。总体来看，本研究发现，高校教师对学术相关事务（人才培养和科研）的关注较多，对管理方面的事务关注较少，尤其是对学校战略层

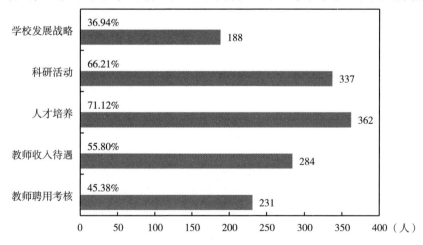

图 4 - 1　高校教师期望建言内容分布

面的关注更少。

本研究对建言内容的调查采用的是多选题,更多是对各项事务频次的统计,而不是对每项事务的参与程度打分。虽然与郭娇等(2018)的研究测量方式略有不同,但两个研究都反映了教师对这些不同事务的优先排序,因此研究结果可以试做比较。本研究与郭娇等(2018)的研究结果既有相似之处,也有不同之处。相似之处是教师对学校发展战略的期望参与都是最低,聘用考核次之,但略有不同的是,郭娇等(2018)研究发现教师对科研活动的期望参与程度最高,其次是收入待遇和人才培养,而本研究发现教师对人才培养的期望参与最多。

2. 实际建言内容

如图4-2所示,高校教师对科研活动和人才培养的实际建言较多,在509名被调查教师中,分别有276人和275人,均超过50%;其次是教师聘用考核(118人,达到23.18%)和教师收入待遇(105人,达到20.63%);对学校发展战略的实际建言最少(80人,达到15.72%)。总体来看,高校教师在五个方面的实际建言人数都比期望建言人数少。与期望建言内容的比例分布相似,教师对学术相关事务(人才培养和科研活动)的建言较多,对管理方面事务的建言较少。

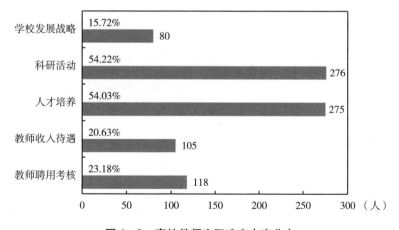

图4-2　高校教师实际建言内容分布

教师参与治理的期望建言内容和实际建言内容存在差距，这与郭娇等（2018）的研究结果基本一致。张继龙（2017）和赵学瑶等（2018）的研究也发现教师参与治理意愿强，实际参与度较低。与本研究结果略有所不同的是，郭娇等（2018）研究发现教师对人才培养的实际参与程度最高，其次是聘用考核和科研活动，最低的是收入待遇，对收入待遇存在"意愿高"但"参与低"的现实反差。本研究发现教师科研活动的实际建言最多，实际建言最少的依然是学校发展战略，收入待遇的期望和实际反差并不大。琼斯（Jones W A，2011）对高校教师参与治理相关研究的分析也发现，不管是研究型大学、哈佛商学院和社区学院，教师参与治理集中在学位要求、人才培养等学术性事务，对机构预算和其他非学术事务的影响力都较小。

总体而言，本研究发现教师对学术事务的期望建言和实际建言都较多，而对管理事务的期望建言和实际建言都较少，在事务的优先分布上，期望建言和实际建言呈现一定的相似性。这可能与教师的工作内容和工作性质有关，教师对学术性事务更熟悉，更有能力作出学术方面的专业性判断，在一定程度上对学科的忠诚高于对院校的忠诚。大部分高校在内部治理过程中，提供给教师学术性事务的建言机会也相对更多一些。不同于其他研究，本研究的期望建言和实际建言的事务在优先排序上具有相似性，这可能与教师建言的自信心有关，一方面缺乏管理方面事务的实际参与机会；另一方面也缺少管理方面的参与治理能力，对自己的建言能否带来实质性影响存在较大的质疑，导致教师没有足够的自信心和兴趣参与管理性事务，因而减少了对管理事务的建言期望，而更愿意关注自己熟悉的、能掌控的学术性事务。

（二）建言渠道

如图4-3所示，高校教师参与治理的主要建言渠道是专业（教研室）工作会议（284人，达到55.80%）、座谈会（226人，达到44.40%）和教职工代表大会（216人，达到42.44%）；其次是响应相关部门的意见征集（132 人，达到 25.93%）和学术委员会（118 人，达到 23.18%）；也有少部分教师通过私下场合（71 人，达到 13.95%）建言；通过校长信箱（35 人，达到 6.88%）和校长接待日（24 人，达到 4.72%）建言的教师则非常少。总体来看，教师主要通过公开的、同工作紧密相关的、程序性的渠道建言，相对保守和被动，对主动性要求较高的校长信箱等渠道采用得较少。

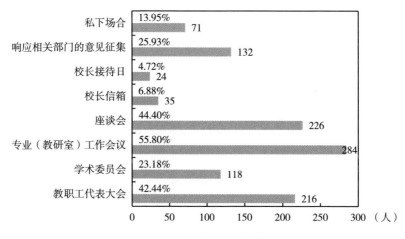

图 4-3　高校教师建言渠道分布

作为参与大学内部治理的正式组织和渠道，学术委员会带有一定的精英治理特性，只有极少部分教师有资格参与，教职工代表大会也只有少数代表能参与，普通教师更多是通过工作会议和座谈会等非正式组织渠道表达意见和建议，通过正式组织渠道参与治理的机会较少。陈金圣等（2013）对 6 所高校的调查研究发现，除了学术委员会等学术管理机构，67% 的教师还通过参加校/院组织的座谈/咨询会参与治理，38% 的教师则通过教代会参与治理，29% 的教师是主动向校/院提意见或建议。座谈会、咨询会是主要的参与渠道，这与本研究的发现有一定的相似之处。

（三）建言对象

如图 4-4 所示，高校教师参与治理的主要建言对象是二级学院领导

（270 人，达到 53.05%），其次是职能部门领导（204 人，达到 40.08%），直接向校领导建言的教师较少（93 人次，18.27%）。总体来看，教师参与治理的建言对象跟平时接触的机会有关系，普通教师跟二级学院领导的接触机会较多。职能部门平时针对一些管理制度可能会面向广大教师征集意见，这也为教师们提供了建言的机会。普通老师跟校领导接触的机会极少，普遍缺乏建言的主动性，正如前面调查统计发现，建言渠道中的校长信箱和校长接待日等方式教师极少采用。本研究在与 Z 校教师的访谈中也发现，大部分教师主要向二级学院领导建言，只有在校领导下基层调研、主动征求意见的情况下，普通教师才会建言。

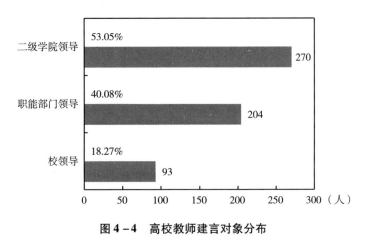

图 4 - 4   高校教师建言对象分布

二、教师建言行为意向及行为的状况分析

（一）行为意向

行为意向的描述性统计结果如表 4 - 1 所示。本研究对行为意向变量的测量采用题项平均数（各题项得分加总除以题项数量）。各题项的均值在 3.49 ~ 3.68 之间，标准差在 0.764 ~ 0.862 之间。行为意向的均值为 3.57，标准差为 0.712。经统计，9.6% 的教师不具有参与行为意向（均值 < 3），

均值在 3~4 之间的占 75.9%，仅 14.5% 的教师具有较大的建言行为意向（均值 >4），表明教师愿意建言并付出努力的总体程度并不高。

表 4-1 建言行为意向描述统计（N=509）

潜变量	题项	最小值	最大值	均值	标准差
行为意向	Bi_01	1	5	3.57	0.764
	Bi_02	1	5	3.49	0.862
	Bi_03	1	5	3.55	0.813
	Bi_04	1	5	3.68	0.812
	Bi 平均	1	5	3.57	0.712

经独立样本 T 检验和单因素方差分析，高校教师建言行为意向在所属学科、性别、工作年限、学历和职称上均不存在显著差异，仅在学校类型上存在显著差异。

学校类型差异如表 4-2 所示。从平均值来看，"双一流"大学教师的建言行为意向最大，其次是一般本科院校，最后是高职高专院校。采用 LSD 检验法进行事后比较，结果表明，差异主要来源于"双一流"大学和高职高专院校，"双一流"大学教师建言行为意向显著大于高职高专院校教师。这可能与"双一流"大学更加包容自由，教师更善于表达个人意见、更有知识分子的责任使命感有关。

表 4-2 不同学校类型的建言行为意向差异分析摘要

检验变量	学校类型	数量	平均值	标准差	F 值	事后比较
行为意向	"双一流"大学（A）	88	3.74	0.616	3.937*	A>C
	一般本科院校（B）	200	3.59	0.721		
	高职高专院校（C）	221	3.49	0.730		

注：* 代表 $p < 0.05$。

（二）建言行为

建言行为的描述性统计结果如表 4-3 所示。本研究对行为变量的测量也采用题项平均数。各题项的均值在 2.93 ~ 3.21 之间，标准差在 1.036 ~ 1.171 之间。行为的均值为 3.10，小于行为意向，标准差为 0.927。经统计，32.8% 的教师表示自己没有明确的建言行为（均值 < 3），均值在 3 ~ 4 之间的占 58.8%，仅 8.4% 的教师明确表示自己具有明确的建言行为（均值 > 4）。总体来看，与建言行为意向相比，教师实际建言行为更少。

表 4 - 3   建言行为描述统计（N = 509）

潜变量	题项	最小值	最大值	均值	标准差
行为	B_01	1	5	3.14	1.171
	B_02	1	5	3.12	1.145
	B_03	1	5	3.21	1.036
	B_04	1	5	2.93	1.139
	B 平均	1	5	3.10	0.927

经独立样本 T 检验和单因素方差分析，高校教师建言行为在学校类型、所属学科和职称上不存在显著差异，在性别、工作年限、学历上存在显著差异。

性别差异如表 4 - 4 所示。与女教师相比，男教师具有更多的建言行为。这可能与男教师事业心更强、具有更强的成就动机、对学校决策性事务更关注、更敢于表达自己的意见和想法有关系。

表 4 - 4   不同性别的建言行为差异分析摘要

检验变量	性别	数量	平均值	标准差	T 值
行为	男	221	3.20	0.884	2.235 *
	女	288	3.02	0.952	

注：* 代表 p < 0.05。

工作年限差异如表 4 - 5 所示。从平均值来看，工作年限 6 ~ 10 年的教师建言行为最少，工作年限 21 年以上的教师建言行为最多。对工作年限差异采用 LSD 检验法进行事后比较，结果表明，差异来源于工作年限 6 ~ 10 年与其他工作年限。工作年限 6 ~ 10 年的教师建言行为显著低于工作年限 5 年及以下、工作年限 11 ~ 20 年和工作年限 21 年以上的教师。这可能与该群体既没有像新教师这样受到学校的高度关注，又缺乏老教师的资历和权威性，更容易在学校治理中处于边缘地位，感知不到自己的话语权，进而丧失工作热情，产生一定程度的职业倦怠有关。

表 4 – 5　　　　　　不同工作年限的建言行为差异分析摘要

检验变量	工作年限	数量	平均值	标准差	F 值	事后比较
行为	5 年及以下（A）	143	3.14	0.969	2.641 *	A > B C > B D > B
	6 ~ 10 年（B）	129	2.91	0.912		
	11 ~ 20 年（C）	176	3.16	0.910		
	21 年以上（D）	61	3.24	0.865		

注：* 代表 $p < 0.05$。

学历差异如表 4 – 6 所示。从平均值来看，本科及以下学历的教师建言行为最多，博士研究生学历的教师建言行为最少。对学历差异采用 LSD 检验法进行事后比较，结果表明，本科及以下学历的教师建言行为显著高于硕士研究生学历的教师。这可能与本科及以下学历教师相对来说年龄较大、工作年限较长、对学校事务更了解、更受到周围同事的尊重、更不怕得罪领导和同事有关。

表 4 – 6　　　　　　不同学历的建言行为差异分析摘要

检验变量	学历	数量	平均值	标准差	F 值	事后比较
行为	本科及以下（A）	142	3.26	0.903	3.283 *	A > B
	硕士研究生（B）	244	3.02	0.918		
	博士研究生（D）	123	3.07	0.954		

注：* 代表 $p < 0.05$。

三、教师建言行为相关影响因素的状况分析

（一）感知风险

感知风险的描述性统计结果如表 4 – 7 所示。本研究对感知风险的测量

也采用题项平均数。各题项的均值在2.64~3.02之间，标准差在1.009~1.109之间。从具体题项内容来看，相对而言，感知到来自行政领导的风险（Pr_01和Pr_02）比来自同事的风险（Pr_03和Pr_04）大，感知到个人负面印象的风险相对居中。感知风险的均值为2.86，标准差为0.892。经统计，49.9%的教师表示自己没有感知到建言可能存在的风险（均值<3），仅11.8%的教师表示自己感知到建言可能存在风险（均值≥4），表明总体来看，教师对建言行为感知风险程度较低。这可能与教师职业具有一定的稳定性，即使偶尔说错话得罪领导和同事也不会有什么大的后果有关。

表4-7 感知风险描述统计（N=509）

潜变量	题项	最小值	最大值	均值	标准差
感知风险	Pr_01	1	5	3.02	1.074
	Pr_02	1	5	3.00	1.103
	Pr_03	1	5	2.64	1.009
	Pr_04	1	5	2.68	1.037
	Pr_05	1	5	2.94	1.109
	Pr平均	1	5	2.86	0.892

经独立样本T检验和单因素方差分析，感知风险在学校类型、所属学科、性别、工作年限、学历和职称上均不存在显著差异。这可能与感知风险的个体性有关，对风险的敏锐度和承受度跟教师个体的人格关联比较大。访谈中也发现，个性比较直率的教师感知到的风险比较少，平时谨言慎行的教师则感知到的风险比较多。

（二）感知成就

感知成就的描述性统计结果如表4-8所示。本研究对感知成就的测量也采用题项平均数。各题项的均值在3.34~3.79之间，标准差在0.891~0.960之间。从具体题项内容来看，相对而言，感知到可能提高政策制度科学合理性（Pa_02）、维护个人权益（Pa_03）和争取专业（团队）利益（Pa_04）的较多，感知到可能获得周围领导同事的认可最小（Pa_05），感知可能提高学校管理效率（Pa_01）和实现自我价值（Pa_06）的相对居中。感知成就的均值为 3.65，标准差为 0.743。经统计，13.0% 的教师表示自己没有感知到建言可能产生的成就（均值 < 3），39.9% 的教师表示自己感知到建言可能产生成就（均值 ≥ 4）。总体来看，教师对建言行为感知成就的程度并不是很高，但与感知风险相比，教师对建言行为感知成就的程度更高。这可能与建言虽然成效未必明显，但至少表达了总有"希望"，教师们还是对建言行为的结果有所期待有关。

表 4 - 8   感知成就描述统计（N = 509）

潜变量	题项	最小值	最大值	均值	标准差
感知 成就	Pa_01	1	5	3.65	0.945
	Pa_02	1	5	3.79	0.940
	Pa_03	1	5	3.75	0.960
	Pa_04	1	5	3.78	0.891
	Pa_05	1	5	3.34	0.911
	Pa_06	1	5	3.59	0.910
	Pa 平均	1	5	3.65	0.743

经独立样本 T 检验和单因素方差分析，感知成就在学校类型、所属学科、性别、工作年限、学历和职称上均不存在显著差异。这一结果与感知风险一致。感知成就与感知风险相对应，对成就的关注和追求跟教师个体的人格关联比较大。访谈中也发现，积极乐观的老师感知到的成就比较多，消极悲观的教师则感知到的成就比较少。

（三）行为态度

行为态度的描述性统计结果如表 4 - 9 所示。本研究对行为态度的测量也采用题项平均数。各题项的均值在 3.41 ~ 3.92 之间，标准差在 0.860 ~ 0.953 之间。相对而言，情感维度（Atb_05 ~ Atb_07）比工具维度（Atb_01 ~ Atb_04）的均值低。行为态度的均值为 3.69，标准差为 0.740。经统计，11.6% 的教师对建言持不积极的态度（均值 < 3），39.7% 的教师对建言持比

较积极的态度（均值≥4）。总体来看，教师对建言持积极态度的程度并不高。

表4-9　　　　　　　　　　行为态度描述统计（N=509）

潜变量	题项	最小值	最大值	均值	标准差
行为 态度	Atb_01	1	5	3.91	0.866
	Atb_02	1	5	3.92	0.860
	Atb_03	1	5	3.83	0.867
	Atb_04	1	5	3.83	0.879
	Atb_05	1	5	3.44	0.909
	Atb_06	1	5	3.45	0.939
	Atb_07	1	5	3.41	0.953
	Atb 平均	1	5	3.69	0.740

经独立样本 T 检验和单因素方差分析，行为态度在所属学科、性别、工作年限、学历和职称上均不存在显著差异，仅在学校类型上存在显著差异。

学校类型差异如表4-10所示。从平均值来看，"双一流"大学教师和一般本科院校教师的建言行为态度均值比较接近，高于高职高专院校教师。采用 LSD 检验法进行事后比较，结果表明"双一流"大学教师建言的行为态度显著比高职高专院校教师积极，一般本科院校教师建言的行为态度也显著比高职高专院校教师积极。总体来看，本科院校教师建言的行为态度更积极。这可能与本科院校教师对学术权力的认知和维护诉求更多一些，更认可建言这种参与治理行为有关。

表4-10　　　　　　不同学校类型的行为态度差异分析摘要

检验变量	学校类型	数量	平均值	标准差	F 值	事后比较
行为 态度	双一流大学（A）	88	3.78	0.640	3.814*	A > C B > C
	一般本科院校（B）	200	3.76	0.680		
	高职高专院校（C）	221	3.58	0.816		

注：＊代表 $p < 0.05$。

（四）主观规范

主观规范的描述性统计结果如表4-11所示。本研究对主观规范的测量也采用题项平均数。各题项的均值在 3.09 ~ 3.67 之间，标准差在 0.830 ~ 0.991 之间。相对而言，周围同事参与治理的积极性比（Sn_03）行政领导参与治理的积极性（Sn_02）的均值低，教师个人作为集体一份子参与治理的责任（Sn_06）、作为知识分子应该敢于发言（Sn_08）的个人规范均值较高。主观规范的均值为 3.43，标准差为 0.702。经统计，17.5% 的教师主观规范程度较低（均值 <3），仅 24.2% 的教师主观规范程度较高（均值 ≥4）。总体来看，教师受到来自重要他人对其建言的压力和自身对建言的责任感知并不高。

表 4 – 11 　　　　　　　　　 主观规范描述统计（N = 509）

潜变量	题项	最小值	最大值	均值	标准差
主观规范	Sn_01	1	5	3.22	0.991
	Sn_02	1	5	3.50	0.921
	Sn_03	1	5	3.09	0.896
	Sn_06	1	5	3.60	0.830
	Sn_07	1	5	3.47	0.919
	Sn_08	1	5	3.67	0.901
	Sn 平均	1	5	3.43	0.702

经独立样本 T 检验和单因素方差分析，主观规范在学校类型、所属学科、性别、学历和职称上均不存在显著差异，仅在工作年限上存在显著差异。

工作年限差异如表 4 – 12 所示。从平均值来看，教师建言的主观规范程度随着工作年限呈递减趋势，工作年限在 5 年及以下的教师建言主观规范程度最大，工作年限在 21 年以上的教师建言主观规范程度最小。对工作年限差异采用 LSD 检验法进行事后比较，结果表明，差异来源工作年限在 5 年及以下与其他工作年限。工作年限在 5 年及以下的教师建言主观规范显著高于工作年限在 11 ~ 20 年和工作年限在 21 年以上的教师。总体来看，年轻教师感知到建言的压力和责任更多一些。这可能与工作年限久的教师更容易产生职业倦怠，而年轻教师对学校期望更大，对周围同事的行为关注更多，更容易感知到集体环境的影响有关。

表4-12   不同工作年限的主观规范差异分析摘要

检验变量	工作年限	数量	平均值	标准差	F 值	事后比较
主观规范	5 年及以下（A）	143	3.56	0.684	2.750*	A > C A > D
	6~10 年（B）	129	3.41	0.697		
	11~20 年（C）	176	3.37	0.661		
	21 年以上（D）	61	3.32	0.828		

注：*代表 $p < 0.05$。

（五）知觉行为控制

知觉行为控制包括"参与治理能力""时间压力""行政领导沟通开放性"三个维度。本研究对知觉行为控制的测量也采用题项平均数，由于时间压力维度跟其他维度具有反向关系，因此计算知觉行为控制的平均数需要对时间压力维度的四个题项进行反向处理。知觉行为控制的描述性统计结果如表4-13所示。

表4-13   知觉行为控制描述统计（N=509）

潜变量	题项	最小值	最大值	均值	标准差
知觉行为控制	Pbc1_01	1	5	3.43	0.848
	Pbc1_02	1	5	3.48	0.834
	Pbc1_03	1	5	3.55	0.828
	Pbc1_04	1	5	3.44	0.869
	Pbc2_01	1	5	3.38	0.890
	Pbc2_02	1	5	3.72	0.849
	Pbc2_03	1	5	3.67	0.897
	Pbc2_04	1	5	3.44	0.917
	Pbc3_01	1	5	3.24	0.941
	Pbc3_02	1	5	3.23	0.957
	Pbc3_03	1	5	3.30	0.952
	Pbc3_04	1	5	3.31	0.935
	Pbc3_05	1	5	3.27	0.915
	Pbc 平均	1	5	3.08	0.449

各题项的均值在 3. 23 ~ 3. 72 之间，标准差在 0. 828 ~ 0. 957 之间。相对而言，作为促进因素的行政领导沟通开放性维度（Pbc3_01 - Pbc3_05）比同为促进因素的参与治理能力维度（Pbc1_01 - Pbc1_04）的均值低，作为阻力因素的时间压力维度均值大于 3，说明教师感知到的促进程度不大，阻力程度却不小。知觉行为控制的均值为 3. 08，标准差为 0. 449。经统计，33. 3% 的教师知觉行为控制较低（均值 < 3），仅 2. 00% 的教师知觉行为控制程度较高（均值 ≥ 4）。总体来看，与行为态度和主观规范相比，教师对建言的知觉行为控制程度非常低。

经独立样本 T 检验和单因素方差分析，知觉行为控制在学校类型、所属学科、性别、工作年限和职称上不存在显著差异，仅在学历上存在显著差异。

学历差异如表 4 - 14 所示，从平均值来看，本科及以下学历的教师知觉行为控制程度最高，博士研究生学历的教师知觉行为控制程度最低。对学历差异采用 LSD 检验法进行事后比较，结果表明，本科及以下学历的教师知觉行为控制程度显著高于硕士研究生学历的教师和博士研究生学历的教师。

表 4 - 14　　　　　　不同学历的知觉行为控制差异分析摘要

检验变量	学历	数量	平均值	标准差	F 值	事后比较
知觉行为控制	本科及以下（A）	142	3. 21	0. 411	9. 679 ***	A > B
	硕士研究生（B）	244	3. 04	0. 446		A > C
	博士研究生（D）	123	2. 99	0. 465		

注：*** 代表 p < 0. 001。

由于知觉行为控制三个维度不具有同质性，为了进一步了解影响教师建言行为的控制因素，本研究在知觉行为控制变量总体分析的基础上，将知觉行为控制的三个维度作为三个独立变量进行具体分析，下面将逐一展开分析。

（六）参与治理能力

参与治理能力的描述性统计结果如表 4 - 15 所示。本研究对参与治理能力的测量也采用题项平均数。各题项的均值在 3.43 ~ 3.55 之间，标准差在 0.828 ~ 0.869 之间。从具体题项内容来看，相对而言，教师对自己沟通能力（Pbc1_03）的自信程度较高，对信息控制能力（Pbc1_01）和问题解决能力（Pbc1_02）的自信程度较低。参与治理能力的均值为 3.48，标准差为 0.768。经统计，15.9% 的教师对自己参与治理能力自信程度较低（均值 <3），均值在 3~4 之间的占 70.2%，仅 13.9% 的教师对自己参与治理能力自信程度较高（均值 >4）。总体来看，教师参与治理能力的自信程度不高。

表 4 - 15　　　　　　　　　参与治理能力描述统计（N = 509）

潜变量	题项	最小值	最大值	均值	标准差
参与治理能力	Pbc1_01	1	5	3.43	0.848
	Pbc1_02	1	5	3.48	0.834
	Pbc1_03	1	5	3.55	0.828
	Pbc1_04	1	5	3.44	0.869
	Pbc1 平均	1	5	3.48	0.768

经独立样本 T 检验和单因素方差分析，参与治理能力在学校类型、所属学科、性别、工作年限、学历和职称上均不存在显著差异。这可能与参与治理能力是一种综合性能力有关，对自我能力的自信程度受到个体的自我效能感等个体特征的影响较大。

（七）时间压力

时间压力的描述性统计结果如表 4 - 16 所示。本研究对时间压力的测量也采用题项平均数。各题项的均值在 3.38 ~ 3.72 之间，标准差在 0.849 ~ 0.917 之间。从具体题项内容来看，相对而言，教师感知到工作任务多（Pbc2_02）和绩效考核任务压力大（Pbc2_03）的程度较高，感知到没有充足的时间（Pbc2_01）和时间不受自己掌控（Pbc2_04）的程度较小。时间压力的均值为 3.55，标准差为 0.709。经统计，11.8% 的教师感知到较小的时间压力（均值<3），34.0%的教师感知到较大的时间压力（均值≥4）。总体来看，与参与治理能力相比，更多比例的教师感知到较大的时间压力，对时间资源的可控性较小。

表4-16　　　　　　　　时间压力描述统计（N=509）

潜变量	题项	最小值	最大值	均值	标准差
时间压力	Pbc2_01	1	5	3.38	0.890
	Pbc2_02	1	5	3.72	0.849
	Pbc2_03	1	5	3.67	0.897
	Pbc2_04	1	5	3.44	0.917
	Pbc2 平均	1	5	3.55	0.709

经独立样本 T 检验和单因素方差分析，高校教师的时间压力在所属学科、性别、工作年限和职称上不存在显著差异，在学校类型和学历上存在显著差异。

学校类型差异如表4-17所示，从平均值来看，"双一流"大学教师感知到的时间压力最大，其次是一般本科院校教师，高职高专院校教师感知到的时间压力最小。对学校类型差异采用 LSD 检验法进行事后比较，结果表明，"双一流"大学教师的时间压力显著高于高职高专院校教师，一般本科院校教师的时间压力也显著高与高职高专院校教师。总体来看，本科院校教师感知到的时间压力更大一些。这可能与本科院校竞争更加激烈、教师科研压力比较大有关。

表4-17　　　　　　不同学校类型的时间压力差异分析摘要

检验变量	学校类型	数量	平均值	标准差	F 值	事后比较
时间压力	"双一流"大学（A）	88	3.76	0.654	5.936***	A > C
	一般本科院校（B）	200	3.57	0.680		B > C
	高职高专院校（C）	221	3.46	0.739		

注：*** 代表 p<0.001。

学历差异如表4-18所示，从平均值来看，本科及以下学历的教师时间压力最小，博士研究生学历的教师时间压力最大。对学历差异采用 LSD

检验法进行事后比较，结果表明，本科及以下学历的教师时间压力显著小于硕士研究生学历的教师和博士研究生学历的教师。这可能与高学历教师除了日常教学工作外还具有较大科研工作压力有关。

表 4 - 18   不同学历的时间压力差异分析摘要

检验变量	学历	数量	平均值	标准差	F 值	事后比较
时间压力	本科及以下（A）	142	3.38	0.755	7.121***	A < B A < C
	硕士研究生（B）	244	3.59	0.678		
	博士研究生（D）	123	3.69	0.679		

注：*** 代表 p < 0.001。

（八）行政领导沟通开放性

行政领导沟通开放性的描述性统计结果如表 4 - 19 所示。本研究对行政领导沟通开放性的测量也采用题项平均数。各题项的均值在 3.23 ~ 3.31 之间，标准差在 0.915 ~ 0.957 之间。从具体题项内容来看，相对而言，教师对行政领导征求意见的真诚性（Pbc3_03）和耐心倾听（Pbc3_04）的可控程度略高，对及时反馈（Pbc3_01）和主动征言（Pbc3_02）的可控程度略低。行政领导沟通开放性的均值为 3.27，标准差为 0.854，25.0% 的教师感知不到行政领导的沟通开放性（均值 < 3），28.7% 的教师感知到的行政领导沟通开放性程度较高（均值≥4）。总体来看，教师对行政领导沟通开放性的可控性不高。

表 4 - 19   行政领导沟通开放性描述统计（N = 509）

潜变量	题项	最小值	最大值	均值	标准差
行政领导沟通开放性	Pbc3_01	1	5	3.24	0.941
	Pbc3_02	1	5	3.23	0.957
	Pbc3_03	1	5	3.30	0.952
	Pbc3_04	1	5	3.31	0.935
	Pbc3_05	1	5	3.27	0.915
	Pbc3 平均	1	5	3.27	0.854

经独立样本 T 检验和单因素方差分析，高校教师感知到的行政领导沟通开放性在学校类型、所属学科和性别上不存在显著差异，在工作年限、学历和职称上存在显著差异。

工作年限差异如表 4 – 20 所示，从平均值来看，工作年限在 5 年及以下的教师感知到的行政领导沟通开放性程度最大，工作年限在 21 年以上的教师感知到的行政领导沟通开放性程度最小。对工作年限差异采用 LSD 检验法进行事后比较，结果表明，差异来源于工作年限在 5 年及以下与其他工作年限。工作年限在 5 年及以下的教师感知到的行政领导沟通开放性程度显著高于工作年限在 6 ~ 10 年、工作年限在 11 ~ 20 年和工作年限在 21 年以上的教师。总体来看，对学校熟悉程度不高的年轻教师反而感知到行政领导更好沟通。这可能与行政领导对新教师（青年教师）群体关注比较多、有意缩小权力距离、更加主动征求他们意见、态度上也更加亲和有关。

表 4 – 20　　　　不同工作年限的行政领导沟通开放性差异分析摘要

检验变量	工作年限	数量	平均值	标准差	F 值	事后比较
行政领导沟通开放性	5 年及以下（A）	143	3.46	0.750	4.190***	A > B A > C A > D
	6 ~ 10 年（B）	129	3.21	0.869		
	11 ~ 20 年（C）	176	3.22	0.858		
	21 年以上（D）	61	3.06	0.967		

注：*** 代表 $p < 0.001$。

学历差异如表 4 – 21 所示，从平均值来看，本科及以下学历的教师感知到的行政领导沟通开放性程度最大，博士研究生学历的教师感知到的行政领导沟通开放性程度最小。对学历差异采用 LSD 检验法进行事后比较，结果表明，本科及以下学历的教师感知到的行政领导沟通开放性程度显著大于硕士研究生学历的教师和博士研究生学历的教师。这可能与部分本科及以下学历的教师资历比较老，对行政领导比较熟悉，更容易有效沟通有关。

表4-21　　　　　　不同学历的行政领导沟通开放性差异分析摘要

检验变量	学历	数量	平均值	标准差	F 值	事后比较
行政领导 沟通开放性	本科及以下（A）	142	3.45	0.784	5.731***	A > B A > C
	硕士研究生（B）	244	3.25	0.848		
	博士研究生（D）	123	3.10	0.911		

注：*** 代表 $p < 0.001$。

职称差异如表4-22所示，从平均值来看，教师感知到的行政领导沟通开放性程度随着职称依次减少，初级职称的教师感知到的行政领导沟通开放性程度最大，正高职称的教师感知到的行政领导沟通开放性程度最小。对职称差异采用 LSD 检验法进行事后比较，结果表明，初级职称的教师感知到的行政领导沟通开放性程度显著大于副高职称的教师和正高职称的教师。这可能与行政领导对低职称教师（主要群体是新教师）关注比较多有关。

表4-22　　　　　　不同职称的行政领导沟通开放性差异分析摘要

检验变量	学历	数量	平均值	标准差	F 值	事后比较
行政领导 沟通开放性	初级（A）	138	3.44	0.717	3.492*	A > C A > D
	中级（B）	199	3.28	0.858		
	副高（C）	137	3.13	0.925		
	正高（D）	35	3.11	0.942		

注：* 代表 $p < 0.05$。

四、本章小结

本章分析了高校教师参与治理的建言内容、建言渠道和建言对象的基本情况，围绕高校教师建言行为及其影响因素，对相关变量进行了描述性统计分析和差异分析。

总体来看，教师对五个方面学校事务的实际建言均少于期望建言，期望建言内容和实际建言内容的次序分布具有相似性，对学术性事务的期望建言和实际建言较多，对管理性事务的期望建言和实际建言较少。教师主要通过公开的、工作紧密相关的、程序性的渠道建言，相对保守和被动。教师参与治理的建言对象主要是二级学院领导，其次是职能部门领导，直接向校领导建言的极少。

描述性统计发现，教师建言的行为意向不高，实际建言行为更少。与感知风险相比，教师对建言行为感知成就的程度更高。教师对建言持积极态度的程度并不高，主观规范程度也不高，与行为态度和主观规范相比，教师对建言的知觉行为控制程度非常低。对知觉行为控制三个维度的进一步分析发现，教师参与治理能力不高、时间压力较大、行政领导沟通开放性程度较低，可见，教师对自我参与治理能力的自信程度不足，对时间资源和行政领导的合作行为的可控性亦不足。

差异性分析发现，教师建言行为意向有着显著的学校类型差异，"双一流"大学教师建言行为意向显著大于高职高专院校教师；建言行为具有显著的性别、工作年限和学历差异，男教师具有更多的建言行为，工作年限在6~10年的教师建言行为显著少于其他工作年限的教师，本科及以下学历的教师建言行为显著高于硕士研究生学历的教师。学校类型差异还体现在行为态度和时间压力上面，工作年限差异还体现在主观规范和行政领导沟通开放性上面，学历差异还体现在知觉行为控制及具体的时间压力和行政领导沟通开放性上面，职称差异只体现在行政领导沟通开放性上面，具体如表4-23所示。

表4-23　　　　　　　　　　差异分析结果汇总

检验变量	学校类型	所属学科	性别	工作年限	学历	职称
行为意向	√					
行为			√	√	√	
感知风险						
感知成就						
行为态度	√					
主观规范				√		

续表

检验变量	学校类型	所属学科	性别	工作年限	学历	职称
知觉行为控制					√	
参与治理能力						
时间压力	√				√	
行政领导沟通开放性				√	√	√

第五章　高校教师建言行为的实证检验与组态分析

在第四章高校教师建言行为及其影响因素状况分析的基础上，本章的核心内容是对第二章提出的研究假设和构建的理论模型进行检验，探讨相关影响因素对高校教师建言行为的影响机制和影响效应。利用结构方程模型对基于计划行为理论构建的教师建言行为影响因素的结构路径模型（模型一）进行修正和检验，将知觉行为控制三大维度（参与治理能力、时间压力和行政领导沟通开放性）作为独立变量，检验知觉行为控制对教师建言行为的影响机制假设模型（模型二），并结合相关文献资料、前期访谈和参与式观察对模型检验结果作出解释。本章在实证检验的基础上，修正教师建言行为意向影响因素的组态模型（模型三）和教师建言行为影响因素的组态模型（模型四），利用定性比较分析（QCA）对相关前因变量进行组态分析，支持和补充实证研究结果，为高校教师建言行为提供更具情境化的解释。

一、教师建言行为影响因素的结构路径模型修正与检验

（一）初始模型

结构方程模型（structural equation modeling，SEM）是基于变量协方差矩阵的多变量统计模型，整合了因子分析和路径分析两种统计学方法，可以同时检验模型中显变量、潜变量、干扰或误差变量间的关系，获得自变量对因变量影响的直接效应、间接效应和总效应（吴明隆，2010）。与线性回归一次只能分析一个因变量相比，结构方程模型可同时分析多个因变量，对变量间存在多层关系的复杂模型尤为适用。AMOS 是 analysis of moment structures（矩结构分析）的简写，与协方差矩阵内涵类似。AMOS 软件由于使用方便，可视化效果好，广泛应用于结构方程模型分析。本研究在实证检验部分亦采用 AMOS 软件进行数据分析和处理。

根据第二章提出的研究假设和理论模型，本章利用 AMOS 软件首先构建了教师建言行为影响因素的结构路径初始模型（以下简称模型一），如图 5-1 所示。模型一重在分析变量间的结构路径，考虑行为态度、主观规范和知觉行为控制为多维度量表，为减少参数数量，提高模型的识别性和稳定性，七个变量均采用各量表题项的平均值，以显变量的形式纳入分析模型（用长方形表示）。感知风险、感知成就、主观规范和知觉行为控制四个变量为外因变量；行为意向、行为和行为态度三个变量为内因变量，需要增加误差项（e1、e2、e3）。模型中共设置了 21 个参数，其中 W1，W2，…，W9 为回归系数，V1，V2，…，V7 为方差，C1，C2，…，C5 为协方差。

由于卡方值受参数和样本数量影响非常大，本研究对结构方程模型的评价主要选择卡方自由比（χ^2/df）等七个检验指标，卡方值和自由度仅作为模型修正优化的参考。执行运算后，结果如图 5-2、表 5-1 和表 5-2 所示。由于模型为过度识别模型（自由度为正数），可收敛，但模型拟合效果欠佳，卡方自由比值（6.070）和 RMSEA 值（0.100）未达到适配标

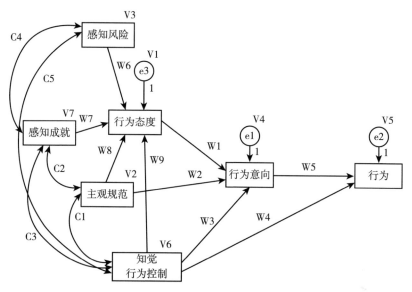

图 5-1 教师建言行为影响因素的结构路径初始模型（模型一）

准。感知风险对行为态度的标准化路径系数很小（0.031），且未达到显著性水平（P=0.297），其他路径系数均达到显著性水平（P<0.05）。因此H1、H2、H3、H4、H5 和 H7 均通过验证，假设成立，H6 则未能通过验证，假设不成立。

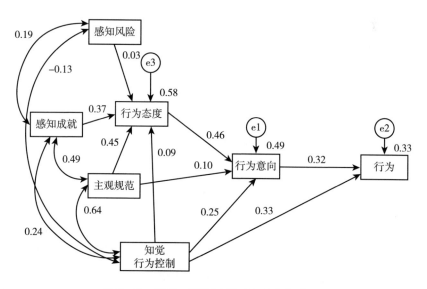

图 5-2 模型一运行结果（标准化估计）

表5-1 模型一的拟合指标值

χ^2	DF	χ^2/df	GFI	AGFI	RMSEA	NFI	IFI	CFI
42.487	7	6.070	0.977	0.910	0.100	0.971	0.976	0.976

表5-2 模型一的标准化路径系数估计值

变量关系	标准化路径系数	S. E.	P
感知成就→行为态度	0.372	0.034	***
主观规范→行为态度	0.446	0.044	***
知觉行为控制→行为态度	0.088	0.063	*
感知风险→行为态度	0.031	0.025	0.297
行为态度→行为意向	0.463	0.042	***
主观规范→行为意向	0.102	0.051	*
知觉行为控制→行为意向	0.251	0.065	***
行为意向→行为	0.324	0.056	***
知觉行为控制→行为	0.332	0.089	***

注：*** 代表 $p<0.001$，** 代表 $p<0.01$，* 代表 $p<0.05$。

相对而言，行为态度对行为意向的影响最大（标准化路径系数为 0.463），知觉行为控制对行为意向的影响次之（标准化路径系数为 0.251），主观规范对行为意向的影响最小（标准化路径系数为 0.102），多元相关系数 R^2 为 0.49，说明这三个变量可以联合解释行为意向变量 49% 的变异量。知觉行为控制对行为的影响（标准化路径系数为 0.332）略高于行为意向对行为的影响（标准化路径系数为 0.324），多元相关系数 R^2 为 0.33，说明这两个变量可以联合解释行为变量 33% 的变异量。除了感知成就对行为态度的影响（标准化路径系数为 0.372）外，主观规范对行为态度也有比较大的影响（标准化路径系数为 0.446），知觉行为控制对行为态度只有较小的影响（标准化路径系数为 0.088），多元相关系数 R^2 为 0.58，说明初始模型中四个前因变量可以联合解释态度变量 58% 的变异量。

（二）模型修正及检验结果

本研究对模型修正采用逐项修正、不断优化的方式。第一步，删除感知风险变量及相应的路径。重新运行模型，结果显示各条路径都达到显著水平，卡方值（25.242）明显降低，由于自由度变小，卡方自由比（6.310）仍偏大，模型拟合效果仍欠佳。第二步，参照报表中的修正指数（M.I.）提示增列主观规范到行为的单向路径。重新运算后，结果如图 5 − 3、表 5 − 3 和表 5 − 4 所示。修正后的模型拟合效果较好，卡方自由比（3.942）小于 5，其他各项指标也都达到适配标准。各条路径的路径系数都达到显著性水平，H1、H2、H3、H4、H5 和 H7 这六个假设都通过了检验。

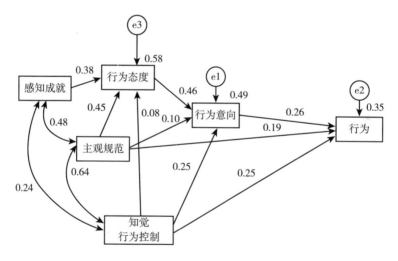

图 5 − 3　模型一修正模型运行结果（标准化估计）

表 5 − 3　　　　　　　　模型一修正模型的拟合指标值

χ^2	DF	χ^2/df	GFI	AGFI	RMSEA	NFI	IFI	CFI
11.829	3	3.942	0.992	0.946	0.076	0.992	0.994	0.994

表5-4   模型一修正模型的标准化路径系数估计值

变量关系	标准化路径系数	S. E.	P
感知成就→行为态度	0.379	0.033	***
主观规范→行为态度	0.446	0.044	***
知觉行为控制→行为态度	0.082	0.063	*
行为态度→行为意向	0.463	0.042	***
主观规范→行为意向	0.102	0.051	*
知觉行为控制→行为意向	0.251	0.065	***
行为意向→行为	0.262	0.059	***
知觉行为控制→行为	0.246	0.100	***
主观规范→行为	0.185	0.066	***

注：*** 代表 $p < 0.001$，** 代表 $p < 0.01$，* 代表 $p < 0.05$。

与初始模型相比，增加主观规范变量对行为的路径（标准化路径系数为 0.185）后，知觉行为控制对行为的影响减少（标准化路径系数由 0.332 变为 0.246），行为意向对行为的影响也减少（标准化路径系数由 0.324 变为 0.262），但多元相关系数 R^2 由 0.33 增到 0.35，说明这三个变量可以联合解释行为变量 35% 的变异量，修正后的模型更具有解释力。删除感知风险后，感知成就对行为态度的影响（标准化路径系数由 0.372 变为 0.379）和知觉行为控制对行为态度的影响（标准化路径系数由 0.088 变为 0.082）均变化极小，多元相关系数 R^2 仍为 0.58，说明感知风险确实对行为态度的影响极小，在模型一中所起的作用可以忽略不计，删除感知风险后模型一可以更加精简。

除了直接路径，模型中还包含若干间接路径。表5-5 呈现了行为意向和行为两大内生变量的路径效应。就行为意向而言，主观规范对行为意向除了有 0.102 的直接效应外，还具有 0.207 的间接效应，主观规范对行为意向的总体影响效应为 0.309；知觉行为控制对行为意向以直接效应为主（0.251），还具有 0.038 的间接效应，知觉行为控制对行为意向的总体影响效应为 0.289；行为态度对行为意向的直接效应为 0.463，可见行为态度对行为意向的影响效应最大。就行为而言，知觉行为控制对行为以直接效应为主（0.246），还具有 0.076 的间接效应，知觉行为控制对行为的总体影响效应为 0.322；主观规范对行为除了有 0.185 的直接效应外，还具有 0.081 的间接效应，主观规范对行为的总体影响效应为 0.266；行为意向对行为的直接效应为 0.262，可见不仅知觉行为控制和行为意向会影响行为，主观规范对行为的影响也比较大。

表 5 - 5   教师建言行为影响路径的效应分析

变量关系	直接效应	间接效应	总效应
行为态度→行为意向	0.463	—	0.463
主观规范→行为意向	0.102	0.207	0.309
知觉行为控制→行为意向	0.251	0.038	0.289
行为意向→行为	0.262	—	0.262
知觉行为控制→行为	0.246	0.076	0.322
主观规范→行为	0.185	0.081	0.266

（三）结果解释与讨论

结构方程模型分析表明，包含五大核心变量的计划行为理论传统模型的研究假设都获得支持，即行为态度、主观规范和知觉行为控制对行为意向都具有显著正向影响（H1、H2、H3），行为意向和知觉行为控制则对行为都具有显著正向影响（H4、H5）。由于本研究增加了新的变量和路径，拓展了计划行为理论，发现了一些其他的研究结果，本节着重对这些结果进行解释。

1. 行为态度对行为意向的影响效应最大

尽管行为态度、主观规范和知觉行为控制对行为意向都具有显著正向直接影响效应，但是行为态度对行为意向的影响效应最大。可见，行为意向主要受到行为态度的影响，即教师对建言行为的价值判断和情感体验影响了教师建言的意向。这可能与高校教师大多是具有独立思考能力的理性人有关，他们会对建言行为进行综合评估，认为建言有必要、有意义、对建言感兴趣、感到自豪等才会考虑建言。相比"应该建言""能建言"，教师"想建言"才是最大的动力因素，如果教师"不想建言"，即使有能力有条件，他们也可能会选择放弃建言。访谈中也发现，教师们反复提及"没用""没意思"这些词。正如 S01 教师所言，"我们提是提的，关键领导不听啊！说了也没啥用。第一次提了，我们觉得说对了，不听我们的，第二次也不听我们的，我们浪费那么多口舌干吗？后来就不想提了。"行为态度是建言行为意向最重要的影响因素，对建言行为的低价值判断和情感冷漠，这也在一定程度上解释了为何学校提供了建言的渠道，很多教师依然选择了沉默，主动放弃了参与治理的权力和机会。

2. 主观规范可以直接影响行为

结构方程模型分析表明，除了行为意向和知觉行为控制，主观规范可以直接影响行为。这是本研究在模型修正过程中的意外发现，这可能与建言行为既有主动亦有被动有关。建言行为以增强学校治理效能为出发点，可以视为一种组织公民行为。有学者研究发现，公民压力与组织公民行为正相关，由于组织非正式的要求与鼓励而带来的公民压力，造成了组织成员被动参与组织公民行为（Bolino M C et al.，2010）。在教代会等场合中，教师可能并不想参与，迫于行政领导"点名"或职责使命要求等，以被动的形式建言。研究者所在学校 Z 校为鼓励广大教师积极建言，为学校发展建言献策，学校工会组织开展了"我为工商发展献一计"活动，要求各分工会发动每位教职工积极参与，每个分工会须至少提交 10 份以上建议，对获奖教师和优秀组织获奖单位给予一定奖励并予以表彰。在奖励和任务分配的双重刺激下，最后学校共征集到 93 位教职工提交的 107 项建议。据了解，很多教师没有兴趣参与，参与该项活动的教师大多数是为了完成任务被迫"献策"。一位负责二级学院分工会该项工作的教师无奈地表示没多少教师愿意参与这些活动，为了完成学校分配的任务，只能自己参与写一份建议凑个数。

公共责任意识能引导教师主动关心公共福祉，积极参与公共生活是大学教师参与学院治理的潜在动力（赵小焕和眭依凡，2021）。一些教师可能平时很少建言，属于"沉默的大多数"，但实际情境中遇到一些特殊情况，为了伸张公平正义也可能会选择"发出声音"。访谈中有老师提到学生上课教室位置不够一直解决不了的问题，"今年新生人数每班都60人左右，标准教室只有55人，教务系统一直在反映教室的问题，本来很简单的事情但就是没人理，后来书记、校长到我们学院，我直接跟书记、校长说了，问题就马上解决了"（S10）。

3. 感知成就对行为态度具有显著正向影响，感知风险对行为态度没有显著影响

结构方程模型分析表明，感知成就对行为态度具有显著正向影响，感知风险对行为态度没有显著影响。可见，教师建言行为态度并不是风险规避型，而是成就驱动型。即使存在风险，只要感知到成就，教师仍会对建言持正面评价。这里的成就包括提升学校管理水平和维护自身的权益两个方面。正如S04教师所言，"因为这种教师建言没起作用了，所以我们讲它是形式的。如果是建言有效了，我们就会说这个渠道是非常好的。"这可能与教师职业的专业性和教师个体的自利性有关。大部分教师需要在工作中体现作为专业人员的成就感，争取专业团队利益、维护个人自身权益。相对而言，教师职业具有一定的稳定性，总体感知到的风险可能较少，即使说错话得罪领导和同事也不会有什么大的后果。

个人对组织目标和价值观的承诺受到组织对他们的互惠承诺的强烈影响（Farndale E et al.，2011）。教师作为普通人，维护个人的权益是大多数教师的主要成就。研究者在与教师们的访谈中也间接了解到，他们身边的大部分教师都比较看重"利益"，尤其是个人利益看得比较中，追求集体利益的前提也是不能损害个人利益，或者说教师们追求的集体利益可能是个人利益的另一种形式表达。"老师提的意见和建议更多倾向于教师个人发展，如教师业绩考核、职称评定等，关于学校发展的比较少"（S13）。即使感知到风险，在成就的驱动下，教师仍然会倾向建言，只是可能会选择私下交流等更加安全的方式。有学者研究发现，有教师通过私人关系向学校领导、职能部门负责人提过意见和建议，但在相关座谈会、文本公示、意见征求会等公开场合，近九成的教师选择了沉默（朱家德，

2017）。访谈中也发现，有些问题更适合在私下场合交流。"私下反映问题会更透彻一点，座谈会方式有些表述可能会有局限性，更官方一些，比如有些话不适合在公共场合表达。万一问题激烈会产生一些尴尬的局面"（S13）。

4. 主观规范对行为态度的影响较大，知觉行为控制对行为态度的影响较小

作为集体的一分子，教师的行为往往受到学校氛围和规章制度的激励与约束。如果教师感知到周围同事尤其是行政领导期望教师们建言，就可能会认为建言是明智的、有价值的，进而对建言持更积极的态度。相反，如果感知到行政领导并不期望老师们建言，就可能会认为建言是没有意义的、不明智的，进而对建言持消极的态度。"领导走基层。如果不说、不理、不问，到时候领导积极性也没有了，那都是不太好的"（S08）。本研究的主观规范除了来自行政领导和同事的他人规范，还包括源自责任使命的个人规范。研究者所在学校新校领导刚上任时，曾公开场合表示希望教师们多建言献策，并召开各种层面的座谈会倾听基层声音。不少教师认为学校期望他们建言献策，他们内心渴望学校越办越好的集体责任感也被激发出来，开始关注和重视建言行为，愿意花时间准备发言材料，积极地发表自己对学校发展的意见和建议。

知觉行为控制反映了教师对建言行为的难易程度感知。一些教师感知到建言难度太大，可能会影响到他们对建言行为的价值判断。知觉行为控制对行为态度影响效应比较小的可能解释是，现实中管理问题比较复杂，很多时候教师建言后并没有接收到满意的反馈结果，但教师们会换位思考表示理解，即使认为自己建言献策可能得不到理想的结果，也不会对建言本身形成负面评价，该参与的还是会参与。正如S09教师所言，"你说的在某个层面上是对的，但是领导从大局里面觉得你这个建议不能采纳。不管怎样，我觉得该建言肯定还是要建言的。"这也在一定程度上反映了教师对建言行为的认知判断，更多的是受到行政领导、周围同事以及自我责任感的影响，即使对自己建言行为的自信程度和可控性不足，领导同事的期望和自我责任感也会促使教师对建言行为持更加积极的态度。

综上，本研究发现教师建言行为在形成行为意向的动机阶段主要受到行为态度的影响，而实际行为则主要受到知觉行为控制的影响，主观规范也可以直接影响实际行为。与本研究结果有所不同，苏娜等（2020）对公众参与社会治安行为的实证研究发现，行为态度对参与意愿具有显著正向影响，而主观规范对参与意愿的影响不显著。张红等（2015）对居民参与社区治理行为的实证研究发现，与行为态度和知觉行为控制相比，主观规范对行为意向和行为的影响效应都最大，但主观规范对行为态度的影响不显著，知觉行为控制对行为态度具有较大的显著影响。魏叶美等（2021）对中小学教师参与学校治理意愿的实证研究发现，与行为态度和主观规范相比，知觉行为控制对参与治理意愿的影响最大；与主观规范对行为态度的影响相比，知觉行为控制对行为态度的影响非常大。同为公共参与类行为，不同的调查群体具有不同的特点，研究结果的差异可能与高校教师群体特征有关。高校教师作为高学历知识分子，往往具有较强的独立意识和坚定的价值体系，相比普通大众更理性，相比中小学教师更独立，总体上不容易受到周围领导同事期望的影响，但也会根据实际情境采取合适的应对行为。

二、知觉行为控制对教师建言行为的影响机制模型检验

（一）结构方程模型拟合度检验

完整的结构方程模型包括测量模型和结构模型两个部分。由于知觉行为控制的"参与治理能力""时间压力""行政领导沟通开放性"三个维度均为同质性潜变量，行为意向和行为也都是单维度变量，本研究对模型二的检验采用完整的结构方程模型。将问卷题项作为观察变量（用长方形表示）纳入测量模型，将五个核心变量作为潜变量（用椭圆形表示）纳入结构模型，其中参与治理能力、时间压力和行政领导沟通开放性三个变量

为外因潜变量，行为意向和行为两个变量为内因潜变量，并设置了相应的参数，构建了知觉行为控制对教师建言行为影响机制的结构方程模型（以下简称模型二），如图 5-4 所示。

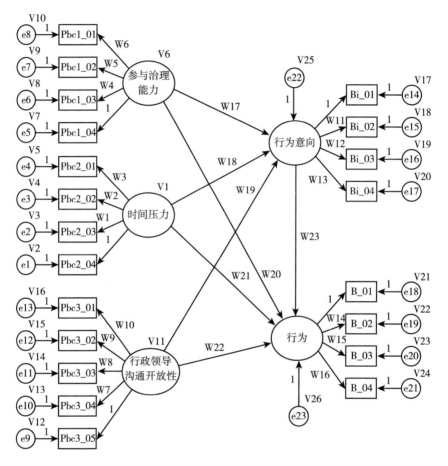

图 5-4　知觉行为控制对教师建言行为影响机制的结构方程模型（模型二）

模型二的结构方程模型拟合度结果如表 5-6 所示。拟合指标包括卡方、GFI、NFI 等九个指标，模型总体拟合效果较好，卡方自由比值（3.082）小于 5，除了 AGFI 略小于 0.9 以外，其他指标均达到适配标准。模型二主要是为了检验知觉行为控制三大维度对建言行为意向和行为的影响，重在路径分析和假设检验，因此本研究不再对模型二作进一步的精简和修正。

表 5 - 6   模型二的拟合指标值

χ^2	DF	χ^2/df	GFI	AGFI	RMSEA	NFI	IFI	CFI
560.959	182	3.082	0.906	0.881	0.064	0.928	0.950	0.950

（二）路径分析

执行运算后，模型二的路径分析结果如图 5 - 5、表 5 - 7 所示。时间压力对行为意向的标准化路径系数很小（0.095），虽然达到显著性水平（P < 0.05），但是时间压力与行为意向呈现正相关，与原假设方向不一致；

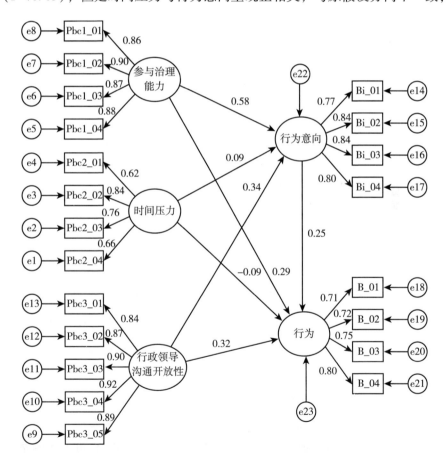

图 5 - 5 模型二运行结果（标准化估计）

时间压力对行为的标准化路径系数也很小（−0.085），P＝0.057，接近但仍未能达到0.05的显著性水平；其他路径系数均达到显著性水平（P＜0.05）。因此H3a、H3c、H5a、H5c均通过验证，假设成立，H3b、H5b则未能通过验证，假设不成立。

表5−7 模型二的标准化路径系数估计值

变量关系	标准化路径系数	S. E.	P
参与治理能力→行为意向	0.579	0.033	***
时间压力→行为意向	0.095	0.038	0.021
行政领导沟通开放性→行为意向	0.339	0.028	***
参与治理能力→行为	0.294	0.061	***
时间压力→行为	−0.085	0.060	0.057
行政领导沟通开放性→行为	0.321	0.049	***
行为意向→行为	0.254	0.091	***

注：*** 代表 p＜0.001。

就行为意向而言，教师建言自我效能感（参与治理能力）和对行政领导合作行为的可控性（行政领导沟通开放性）是影响教师建言行为意向的主要因素。相对于行政领导沟通开放性对行为意向的影响效应（0.339），参与治理能力对行为意向的影响效应更大（0.579），可见，教师个人因素的影响较大，教师对自身参与治理能力的自信程度在很大程度上影响了其建言的行为意向。

就行为而言，教师的建言自我效能感（参与治理能力）、对行政领导合作行为的可控性（行政领导沟通开放性）和行为意向是影响教师建言行为的主要因素。行为意向对行为的影响效应（0.254）并不高，低于行政领导沟通开放性对行为的影响效应（0.321）和参与治理能力对行为的影响效应（0.294）。可见，就教师建言行为而言，个人意志所起的作用并不是很大，个人能力和他人合作行为等控制因素直接影响了教师的实际行为。与行为意向阶段不同，在实际行为阶段，行政领导的合作行为比教师个人的能力因素更加重要，行政领导的沟通开放性在较大程度上影响了教师的实际建言行为。

除了直接路径，模型二中还包含若干间接路径。表5-8呈现了参与治理能力、时间压力、行政领导沟通开放性对建言行为的路径效应。总体来看，参与治理能力和行政领导沟通开放性对建言行为的影响效应都较大（均大于0.4），时间压力的影响则非常微弱（-0.061）。与参与治理能力相比，行政领导沟通开放性对建言行为的直接效应（0.321）远大于间接效应（0.086）。可见，教师建言的实际行为受到外部因素的影响较大，行政领导沟通开放性这一外部可控性因素在很大程度上影响了教师的建言行为。

表5-8　　　　　　　　　知觉行为控制对建言行为的影响效应分析

变量关系	直接效应	间接效应	总效应
参与治理能力→行为	0.294	0.147	0.441
时间压力→行为	-0.085	0.024	-0.061
行政领导沟通开放性→行为	0.321	0.086	0.407

（三）结果解释与讨论

1. 时间压力对行为意向具有微弱正向影响，对行为不具有显著影响

对大多数普通教师而言，时间压力大一方面让其无心也无力建言；另一方面也可能会催生他们的反抗意识，希望通过建言表达对现有制度环境的不满，为自己争取权益。时间压力对行为意向具有微弱正向影响，可能与那些虽然很忙但还是有责任、义务建言，为专业（团队）、为自身"发声"的教师有关系。以高职为例，专业是高职院校各项工作的单元载体，高职院校专业主任在学校管理工作中具有承上启下的作用，学校很多工作最后都落实到专业，因此专业主任普遍工作头绪多、时间压力大。与普通老师相比，专业主任参与治理的机会较多、责任也较大。访谈中发现，不少专业主任曾多次反映专业主任工作量的问题。"我们专业主任既是执行者还是个创业者，我感觉整个专业也要靠我们去创"（S02）。

本研究发现的时间压力对教师建言行为不具有显著影响可能与教师对建言行为的价值判断有关。以价值判断为内涵的行为态度对行为意向的影响效应较大，可能覆盖了时间压力所产生的影响效应。毕竟每个人的时间精力有限，作为理性人，教师们更愿意把时间精力花在更有价值的地方。如果教师认为建言行为是有意义的、有价值的，那么他们也可以克服时间压力，把建言行为放在优先位置。反之，如果教师认为建言行为是没有意义的、无趣的，那么他们即使有足够的时间精力，也会放弃建言行为，而是把时间精力放在其他事情上。虽然工作很忙、压力很大，不少专业主任出于责任还是要为专业发展尽自己所能。"当时为了专业发展，我花了好多心思做建设方案，做了大量调查数据统计，还做成图文并茂的 PPT，基本上就是自加压力的那种，才提交领导参考"（S03）。

2. 参与治理能力对行为意向的影响效应最大

教师的参与治理能力和行政领导沟通开放性是影响教师建言行为意向的主要因素。参与治理能力的影响效应最大可能与教师建言行为本身的专业性有关系。毕竟建言不仅仅需要学术能力，还需要信息掌控、沟通协调等综合能力。访谈中也发现，不少教师提及教师本身的能力对建言成功率影响较大，"我觉得你的立场，你的出发点，你的表达方式、时机各方面跟你建言的成功率都是有关系的"（S06）。普通教师建言存在能力不够、视野不宽的现实问题，没有足够的能力让很多教师对建言望而却步。"提建议之前需要深思熟虑，建议的质量跟教师本身自身的能力和水平有关系"（S04）。

教师只有掌握足够的信息才会有把握提出更有针对性的意见和建议。研究者以校学术委员会办公室秘书的身份参与观察了多次学术委员会工作会议。委员们在审议相关议题时，往往对自己熟悉的领域发言更积极。比如关于新专业申报的议题，Z 校为了迎合政策和招生需要，将部分专业进行调整，冠以"数字化"前缀，在集体纷纷支持的情况下，一位计算机专业出身的教师，客观指出加了"数字化"的专业并没有明确的专业方向和定位，课程体系存在逻辑性问题，相关知识技能的前后性未得到合理安排等。

相对而言，普通教师更容易结合自身情况提出问题，但是没有掌握足够的信息和话语权，解决问题的能力较弱。研究者在日常工作中也发现，很多时候座谈会上教师们反映的都是考核压力大、事务性工作多等类似问题，最后变成了宣泄情绪的集体"吐槽"大会。建言是一种需要沟通能力的沟通现象，拥有更强情绪调节能力的人更有可能发声。一些教师可能刚开始会积极建言，在座谈会上畅谈想法，但是因为很多问题在自己的能力范围内解决不了，大部分教师便不愿再发声了，对建言失去了兴趣和信心。"说到后面内容都差不多了，大家趋同了。这个可能跟我们提的建议没有给一些解决方案也有关系"（S07）。

3. 行政领导沟通开放性对行为的影响效应最大

教师的参与治理能力、行政领导沟通开放性和行为意向都影响了教师建言实际行为。培养对教师参与治理的重要性的认识和对教师在决策中的作用的理解，有助于加强教师对大学学术团体的贡献，并影响其运作（Johnson A L et al.，2017）。行政领导沟通开放性的影响效应最大可能与教师在高校内部治理体系中的弱势地位有关。行政权力凌驾于学术权力是国内高校普遍存在的问题。尽管教师是学校重要的利益相关者，但权力的不对等导致他们在治理体系中处于弱势地位，能否参与治理更多地取决于行政领导给不给机会，愿不愿意以开放包容的心态跟教师们多沟通交流，多倾听并及时反馈教师们的意见和建议。

行政领导沟通开放性首先体现在行政领导的主动性，行政领导主动征言有利于打破僵局，提高教师建言的积极性。Z校正处于新领导上任、新一轮改革发展的关键时期，学校提供了很多教师参与治理的机会，校领导多次下基层调研，希望广大教师多为学校发展建言献策。"我感觉现在他们是特别希望我们去建言，反正形式是很多的，让我们去建言"（S09）。研究者所在部门科研处曾针对科研奖励、科研团队建设等相关制度面向广大教师征集意见，分管科研的副处长还专门私下征求了几位学术做得比较好的博士的意见，博士们很客观公正地提了一些意见和建议，对我们完善相关制度很有参考价值。行政领导的主动性有利于增强教师的归属感和集体责任感,提高教师的反哺意识。"民生无小事,领导要有胸怀,要主动去关心老师,人家心里会记一辈子的,然后他就会去反哺,会去回报"(S05)。

行政领导沟通开放性还体现在行政领导的真诚性。当员工的组织公民行为没有得到预期的回报,员工会感到生气,甚至作出反生产性行为(Spector P E & Fox S,2010)。行政领导征言的仪式性和形式化会增加教师的抵触心理,强化他们对建言"没用"的信念,破坏他们对学校的认同感和归属感。虽然 Z 校组织了多种形式的座谈会,还开展了建言献策有奖活动,但是因为各种现实困难,不少教师提的问题最后都不了了之,让他们对建言的实效性和行政领导征言的真诚性产生了怀疑。"提意见实际上还是对学校有感情的,还是为了学校好的。因为我们都有希望,都有期望的,有期望才会提。如果纯粹搞个形式,谁也不愿意提了"(S01)。

行政领导沟通开放性还体现在对教师的意见和建议的及时反馈,以及以开放包容的态度接纳不同的声音,这更多的是一种对教师们尊重的态度。建立信任和相互尊重的关系能够增强大学共同治理,缓解行政人员和教师的文化冲突(Kater S T,2017)。如果行政领导能及时反馈教师的意见和建议,会让教师们感觉到被尊重、被重视,哪怕他们提出的问题可能一时解决不了,也会对行政领导多一分理解。"我以前比较单一的,就认为他们是不肯,后来跟他们交流多了,我发现落实起来确实也有难度"(S02)。相反,如果感知不到被尊重,教师们哪怕有能力参与治理,也可能会选择沉默不语或者敷衍了事。"领导个人的品质和处事方式很重要,如果他比较随和,或者说比较愿意接受人家意见,我也会提很多对于专业对学院有利的东西,如果他觉得他的东西就是必须执行的,然后制度都是一种下压的方式来压你的,我觉得我也没必要跟你谈任何事情,我自己做好我自己的事情就可以了"(S11)。

综上所述,本研究发现,教师参与治理能力不仅显著影响教师建言行为意向,还显著影响建言行为,行政领导沟通开放性也对行为意向和行为都具有显著影响效应。在行为意向阶段，参与治理能力这一内部控制因素发挥了较大的影响效应，在行为阶段，行政领导沟通开放性这一外部控制因素发挥了更大的影响效应。不同的研究对知觉行为控制的测量有所不同，不同的行为亦有不同的控制因素。苏娜等（2020）基于计划行为理论对公众参与社会治安行为进行了实证研究发现，其知觉行为控制变量包括参与机会和参与能力的感知程度两个维度，研究发现参与机会对意愿和行为都有显著影响，参与能力只对行为有显著影响；魏叶美等（2021）基于计划行为理论对中小学教师参与学校治理意愿进行了实证研究，其知觉行为控制变量主要指参与治理能力，研究发现参与治理能力对参与治理意愿具有较大的影响。本研究对知觉行为控制的测量基于前期的小样本访谈，将行政领导沟通开放性这一他人合作行为作为重要控制因素。建言行为从本质上可视为一种教师和行政人员之间的沟通行为，行政领导沟通开放性提供了教师建言的机会，也给教师建言提供了心理支持和情感激励。教师具备参与治理能力有助于形成建言行为意向，然而如果行政领导沟通开放性不足，没有合适的情境也无法促发教师的实际建言行为。

三、教师建言行为影响因素的定性比较分析

（一）组态模型修正

由于感知风险与时间压力这两个变量对建言行为意向和行为的影响在前面实证检验中未获得支持，为精简条件变量，提高模型的解释力，本研究在定性比较分析阶段不考虑这两个前因条件，保留了感知成就、行为态度、主观规范等其他变量作为前因条件，对第二章构建的教师建言行为意向影响因素的组态模型（模型三）和教师建言行为影响因素的组态模型（模型四）进行了删减，修正后的模型如图 5-6 和图 5-7 所示。

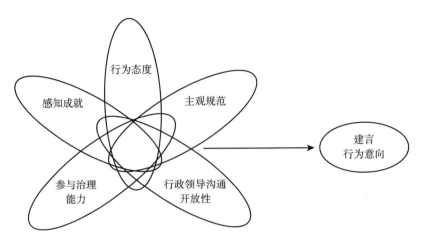

图 5 - 6 教师建言行为意向影响因素的组态模型（修正后）

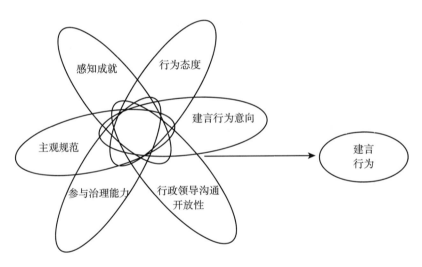

图 5 - 7 教师建言行为影响因素的组态模型（修正后）

修正后的模型三以教师建言行为意向为结果变量，包括感知成就、行为态度、主观规范、参与治理能力和行政领导沟通开放性五个条件变量；修正后的模型四以教师建言行为为结果变量，包括建言行为意向、感知成就、行为态度、主观规范、参与治理能力和行政领导沟通开放性六个条件变量。

（二）变量的数据校准

数据校准即给案例赋予集合隶属度的过程。目前国内外应用较多的 QCA 分析技术主要包括清晰集定性比较分析（csQCA）、多值集定性比较分析（mvQCA）和模糊集定性比较分析（fsQCA），三者都遵循 QCA 的基本范式，在变量的数据校准上略有不同。本研究采用模糊集定性比较分析，通过赋值隶属度（隶属分数）对变量的原始数据进行校准。模糊集隶属分数代表某个案例在多大程度上属于某个集合，值在 0 和 1 之间，其中 0 代表完全不隶属，1 代表完全隶属，越接近 1 代表隶属度越大。

本研究采用 fsQCA3 分析软件，利用函数 Calibrate（X，n1，n2，n3）进行数据校准。按照正式调查 509 份问卷中每个变量的平均得分从高到低排序，参考前 5% 的被试（第 25 位）的回答值、前 50% 的被试（第 255 位）的回答值和前 95% 的被试（第 483 位）的回答值分别设置这个变量的 95%（完全隶属）、50%（交叉点）和 5%（完全不隶属）三个锚点，由软件自动赋值对数据进行校准。

（三）研究结果

在 QCA 中，分别用一致率和覆盖率判断组态的必要性与充分性。一致率表示条件变量导致事件结果的一致性程度，即在多大程度上可以相信这个条件变量能导致事件结果，覆盖率表示条件变量对结果的解释力大小，即导致事件结果的个案中有多少比例具有这个条件变量。参考 QCA 分析过程，本研究分别以高校教师建言行为意向和行为作为结果变量，依次进行了条件变量的必要性分析和组态分析。

1. 条件的必要性分析

衡量条件必要性的一个重要指标是一致率。通常认为，必要条件的一致率最低值为 0.9（张明和杜运周，2019），即某个条件变量的一致率如果小于0.9，说明该条件变量并非导致结果变量的必要条件。

建言行为意向的条件变量必要性分析结果如表5-9所示，所有条件变量的一致率都低于0.9，表明没有一个条件是促进高校教师建言行为意向的必要条件。感知成就、行为态度、参与治理能力和主观规范四个条件变量的覆盖率均超过0.7，略高于行政领导沟通开放性（0.663472），表明在行为意向阶段，行政领导沟通开放性没有其他条件变量对结果解释力大，即在具有建言行为意向的案例中，行政领导沟通开放性较高的比例相对较小。

表5-9　　　　　　　　建言行为意向的条件变量必要性分析结果

变量	一致率	覆盖率
感知成就	0.781238	0.738788
~感知成就	0.650485	0.527666
行为态度	0.852014	0.760176
~行为态度	0.578405	0.494614
主观规范	0.833296	0.726046
~主观规范	0.608640	0.532727
参与治理能力	0.827943	0.762009
~参与治理能力	0.595862	0.495029
行政领导沟通开放性	0.816109	0.663472
~行政领导沟通开放性	0.562476	0.530558

注："~"表示逻辑"非"。

建言行为的条件变量必要性分析结果如表5-10所示，所有条件变量的一致率都低于0.9，表明没有一个条件是促进高校教师建言行为的必要条件。建言行为意向、主观规范和参与治理能力三个条件变量的覆盖率均超过0.8，感知成就、行为态度和行政领导沟通开放性三个条件变量的覆盖率均超过0.7，表明在行为阶段，这几个条件变量对结果的解释力都比较大。与行为意向阶段相比，行政领导沟通开放性的覆盖率明显提升，表明行政领导沟通开放性对行为的解释力更强，即在具有实际建言行为的案例中，行政领导沟通开放性较高的比例明显提升。

表 5 – 10　　　　　　　建言行为的条件变量必要性分析结果

变量	一致率	覆盖率
建言行为意向	0.661283	0.832847
~建言行为意向	0.632490	0.617403
感知成就	0.651602	0.776063
~感知成就	0.662463	0.676802
行为态度	0.702511	0.789403
~行为态度	0.591726	0.637284
主观规范	0.743060	0.815391
~主观规范	0.587939	0.648118
参与治理能力	0.713336	0.826860
~参与治理能力	0.589046	0.616328
行政领导沟通开放性	0.777999	0.796584
~行政领导沟通开放性	0.544246	0.646549

注："~"表示逻辑"非"。

2. 条件的组态分析

条件的组态分析是定性比较分析的核心部分。在数据校准的基础上，构建真值表（一种组态表），得到案例的组态分布。由于本研究案例数量较多，为排除相对罕见的组态，将真值表的最小案例数量设置为 10，一致性阈值设置为 0.8。标准化分析后，fsQCA 共输出复杂解（没有使用"逻辑余项"）、简约解（使用所有"逻辑余项"）和中间解（只将具有意义的"逻辑余项"纳入解）三个解。一般认为，合理有据、复杂度适中，同时又不允许消除必要条件的中间解是汇报和诠释研究结果的首选（张明和杜运周，2019）。参照以往研究，本研究主要报告中间解，辅以简约解判断核心条件和辅助条件。

（1）建言行为意向的组态分析。高校教师建言行为意向的前因条件组态分析结果如表 5 – 11 所示，共包含三种模式，总体一致率为 0.838，总体覆盖率为 0.783，每种模式的一致率均超过 0.8，达到可接受标准。

表 5-11　　高校教师建言行为意向的前因条件组态分析结果

条件组态	建言行为意向		
	M1	M2	M3
感知成就	●	●	
行为态度	●		●
主观规范		●	●
参与治理能力	●	⊗	●
行政领导沟通开放性	⊗	●	●
一致率	0.868	0.838	0.901
覆盖率	0.398	0.426	0.625
净覆盖率	0.085	0.072	0.249
总体一致率	0.838		
总体覆盖率	0.783		

注：●或●表示该条件存在，⊗或⊗表示该条件不存在；"空白"表示该条件可存在、可不存在；●或⊗表示核心条件，●或⊗表示辅助条件。

　　模式一（M1）的条件组合为感知成就 * 行为态度 * 参与治理能力 ~ 行政领导沟通开放性（"*"表示"和"，"~"表示非，下同），行为态度是核心条件，表明积极的行为态度，辅以较高程度的感知成就和参与治理能力，即使行政领导沟通开放性不足也能促发教师的建言行为意向。可见，在认识并充分肯定教师建言的价值的基础上，不管外部控制力（行政领导沟通开放性）如何，只要具有较强的内部自我效能感（参与治理能力）就可以促发教师的建言行为意向。前面实证研究发现，与主观规范和知觉行为控制相比，行为态度对建言行为意向的影响效应最大，在知觉行为控制三大维度中，参与治理能力对行为意向的影响效应最大。QCA 研究发现行为态度是核心条件，参与治理能力可弥补行政领导沟通开放性的不足，模式一支持和补充了定量研究结果。

　　模式二（M2）的条件组合为感知成就 * 主观规范 ~ 参与治理能力 * 行政领导沟通开放性，除了参与治理能力，其他三个都是核心条件，表明如果有较高程度的感知成就、主观规范和行政领导沟通开放性，即使教师参与治理能力不足也会促发其建言行为意向。可见，在感知到教师建言的预期成就、他人期望和个人责任的基础上，源自外部的行政领导沟通开放性可以弥补教师个体内部的自我效能感的不足。前面实证研究发现，行为态度主要是成就驱动，行为态度、主观规范和知觉行为控制共同影响行为意向。QCA 研究发现行政领导沟通开放性可弥补参与治理能力的不足，模式二支持和补充了定量研究结果。

模式三（M3）的条件组合为行为态度 * 主观规范 * 参与治理能力 * 行政领导沟通开放性，行为态度依然是核心条件，表明积极的行为态度，辅以较高程度的主观规范、参与治理能力和行政领导沟通开放性可促发教师的建言行为意向。模式三集齐了传统的计划行为理论三大核心变量，覆盖率达到 0.625，高于另外两种模式，可见行为态度、主观规范和知觉行为控制（包括内部的参与治理能力和外部的行政领导沟通开放性）共同发力是最常规的行为意向促发条件。前面的实证研究发现，传统计划行为理论的三大变量都影响了行为意向，QCA 研究发现的模式三支持了实证研究结果。

（2）建言行为的组态分析。高校教师建言行为的前因条件组态分析结果如表 5 - 12 所示，包含三大模式，共五种子模式，其中模式一包含三种子模式，总体一致率为 0.843，总体覆盖率为 0.674，每种子模式的一致率均超过 0.85，达到可接受标准。

表 5 - 12　　　　高校教师建言行为的前因条件组态分析结果

条件组态	建言行为				
	M1a	M1b	M1c	M2	M3
建言 行为意向	●	●	●	⊗	⊗
感知成就	⬤	⬤		⬤	⊗
行为态度	●	●	●	⊗	⊗
主观规范	●	●	●	⊗	⊗
参与治理能力	●		●	⊗	⊗
行政领导 沟通开放性		⬤	●	⊗	●

条件组态	建言行为				
	M1a	M1b	M1c	M2	M3
一致率	0.907	0.918	0.932	0.856	0.850
覆盖率	0.431	0.438	0.463	0.296	0.360
净覆盖率	0.019	0.021	0.046	0.032	0.073
总体一致率	0.843				
总体覆盖率	0.674				

注：●或●表示该条件存在，⊗或⊗表示该条件不存在；"空白"表示该条件可存在、可不存在；●或⊗表示核心条件，●或⊗表示辅助条件。

模式一为建言行为意向驱动，需要感知成就和行政领导沟通开放性这两大核心条件，辅以行为态度、主观规范和参与治理能力等辅助条件，包括三种子模式。子模式一（M1a）的条件组合为建言行为意向 * 感知成就 * 行为态度 * 主观规范 * 参与治理能力，感知成就为核心条件；子模式二（M1b）的条件组合为建言行为意向 * 感知成就 * 行为态度 * 主观规范 * 行政领导沟通开放性，感知成就和行政领导沟通开放性为核心条件；子模式三（M1c）的条件组合为建言行为意向 * 行为态度 * 主观规范 * 参与治理能力 * 行政领导沟通开放性，行政领导沟通开放性为核心条件。子模式一和子模式二的区别在于，一个是内部效能感（参与治理能力）促发，另一个是外部可控性（行政领导沟通开放性）促发。子模式三则是内外部控制因素一起促发。可见，在具备教师建言意向的基础上，教师个体内部较强的参与治理能力效能感或外部较强的行政领导沟通开放性都可以促发教师的实际建言行为。模式一包括了传统的计划行为理论模型中影响行为的行为意向和知觉行为控制两大核心变量，三种子模式的覆盖率都超过0.4，高于模式二和模式三，可见行为意向和知觉行为控制共同发力是最常规的行为促发条件。前面的实证研究发现，建言行为意向和知觉行为控制都影响了教师的实际建言行为。QCA研究发现了建言行为意向的驱动作用，内部的控制因素和外部的控制因素具有相互弥补关系，模式一补充了定量研究结果。

模式二为感知成就驱动，只需要感知成就这一个核心条件，表明即使其他条件不存在，只要让教师感知到建言的预期成就也能促发其实际建言行为。可见"有用"与否是教师实际建言行为的核心判断依据。前面实证研究发现，行为态度主要是成就驱动，与主观规范和知觉行为控制相比，行为态度又是影响行为意向最主要的因素。QCA 研究发现的感知成就驱动模式与这种链式路径关系实现了一定的相互验证。

模式三为行政领导沟通开放性驱动，只需要行政领导沟通开放性这一个核心条件。表明即使其他条件不存在，只要让教师感知到行政领导沟通开放性也能促发其实际建言行为。可见，除了"有用"这一工具性驱动，行政领导的态度也可以是一种情感激励。即使知道建言"没用"，但行政领导的沟通开放性也为教师实际建言行为提供心理支持。前面实证研究发现，行政领导沟通开放性对教师建言行为的影响效应最大，QCA 研究发现的行政领导沟通开放性驱动模式支持了行政领导沟通开放性对教师实际建言行为的核心作用。

综上所述，QCA 支持和补充了前面基于结构方程模型的实证检验结果。教师建言行为具有多重并发的因果路径，其中建言行为意向和知觉行为控制（包括参与治理能力和行政领导沟通开放性）共同发力是最常规的行为促发条件，行为态度、主观规范和知觉行为控制共同发力也是最常规的行为意向促发条件，这支持了传统计划行为理论模型。QCA 发现建言行为意向和行为的促发条件存在差异，在行为意向阶段，行为态度是核心条件，源自外部的控制因素（行政领导沟通开放性）和教师个体内部的自我效能感（参与治理能力）可以相互弥补。在实际行为阶段，建言行为意向对行为的驱动需要具备感知成就或行政领导沟通开放性这两大核心条件，而感知成就和行政领导沟通开放性都可以作为单独的核心条件直接促发建言行为，两者具有一定的相互弥补关系。

3. 稳健性检验

针对 QCA 研究结果的随机性和敏感性质疑，为提高 QCA 条件组态分析结果的稳定性和可靠性，相关研究者提出了集合论特定的稳健性检验方法和统计论特定的稳健性检验方法两类检验方法，其中前者包括调整校准阈值、改变案例频数、调整一致性阈值等，后者包括改变数据来源、调整测量方式等（张明和杜运周，2019）。本研究采用改变案例频数（将最小案例频数从 10 调整到 9）和调整一致性阈值（将一致性阈值从 0.8 调整到 0.82）两种方法进行稳健性检验。组态的参数值和集合关系无实质性变化，表明结果比较稳健。

（四）分析与讨论

计划行为理论认为行为意向可以预测行为，本研究实证检验发现行为意向对行为具有显著正向影响。高校教师建言行为由多种因素组合促发，在高校办学实际情境中，教师具有行为意向是否一定会产生实际行为？反之，不具有行为意向是否就不能产生实际行为？如果行为意向和行为之间存在断层，那么从行为意向到行为存在什么联结机制或驱动机制？促发教师建言行为的条件之间具有什么互动关系？这些问题都需要进一步分析与讨论。

1. 情境的力量：行为意向到行为的断层和联结

QCA 研究发现教师建言行为既有行为意向的驱动也有知觉行为控制（行政领导沟通开放性）的直接促发，还有感知成就的直接促发。建言行为意向对行为的驱动需要具备感知成就或行政领导沟通开放性这两大核心条件。前面实证研究发现，感知成就作为重要的行为信念影响了教师建言的行为态度，进而影响了建言的行为意向。感知成就的核心作用也在一定程度上体现了行为意向对行为的重要作用。在缺乏成就预期的前提下，行政领导沟通开放性这一情境因素对教师建言行为的驱动更加关键。在理想的大学场域中，行政人员和教师应是平等的两大群体，然而当前大学场域内普遍欠缺基于信任的沟通对话机制，导致两者形成了管理和被管理的关系，制约了教师参与治理（孟新和李智，2018）。行政领导真诚、主动、开放的沟通态度和工作风格为教师建言提供了机会与渠道，提高了教师建言行为的可控性和自信心，可以有效避免教师参与治理的"有心无力"。

感知成就和行政领导沟通开放性都可以作为单独的核心条件直接促发教师的建言行为。相对而言，行政领导沟通开放性代表学校的情境，是个体无法改变的结构因素，这说明了教师建言行为可以受情境的引导，哪怕教师平时没有参与意识和意愿，在和谐的沟通情境引导下也会选择"发声"。访谈中也发现，教师觉得很多时候建言不会对学校决策产生什么实质性的影响，不过遇到行政领导态度诚恳的情况，还是会出于情理表达下自己的意见和建议。行政领导沟通开放性是唤醒教师建言意识、促发教师建言行为的助燃器。

2. 个体和结构相互弥补：行为的双重驱动

相对而言，传统回归分析方法主要适用于探索单个因素的净效益，聚类分析、因子分析等方法虽可检验组态关系，但无法识别条件之间的相互依赖性和因果非对称性，而 QCA 的一大优势是可以识别条件之间的互动关系（张明等，2019）。

QCA 发现建言行为意向和行为的促发条件存在差异，在行为意向阶段，行为态度是核心条件，源自外部的控制因素（行政领导沟通开放性）和教师个体内部的自我效能感（参与治理能力）可以相互弥补。在实际行为阶段，感知成就和行政领导沟通开放性可以作为单独的核心条件直接促发建言行为。作为高校教师建言行为的两大重要条件，感知成就代表个体特征，行政领导沟通开放性代表外部结构。这说明了教师建言行为兼具个体层面的"成就导向性"和结构层面的"情感激励性"。易明等对员工沉默行为的 QCA 研究发现，低内部动机和高情绪耗竭作为核心条件，辅以时间压力能触发员工的沉默行为。内部动机体现了成就导向的重要性，情绪耗竭体现了情感激励的重要性。这与本研究发现具有一定的相似性。

理想情况下，感知成就和行政领导沟通开放性这两种条件都具备更易促进教师建言行为的条件，但 QCA 研究发现当个体成就感足够强或结构足够渗透（行政领导沟通开放性程度较高）时，缺失另一条件也可以促进教师的建言行为。田杰等（2021）对"校闹"行为的 QCA 研究发现，即使行为主体的主体价值取向不当（个体因素），学校层面有效的沟通（外部结构因素）也能缓和其过激情绪，打消实施"校闹"的念头（行为意向）。说明外部结构因素对个体因素具有一定的弥补作用，这与本研究的发现具有相似性。个体因素和结构因素具有相互弥补关系也说明了教师建言行为本身的复杂性。研究者在日常观察中发现，教师作为理性人比较关注建言是否"有用"，尤其是能否获取或维护自身权益。这种追求成就的交易性可能带有一定程度的"功利性"。现实中高校行政泛化，行政领导沟通开放性的稀缺减弱了教师和行政人员之间的相互信任，加剧了教师的"功利性"。当前大学领导者的领导风格主要是交易型领导风格而非变革型领导风格，过于追求绩效激励，忽视德行示范，这种领导风格是教师不愿意治校的一大重要原因（刘爱生，2020）。访谈中也发现，不少教师希望行政领导多尊重教师，少点功利，做好榜样示范。教师也是有情感的普通人，如果行政领导放低姿态，以身示范，教师也会将心比心，提高自身的公共责任和情怀。

四、本章小结

本章利用结构方程模型对第二章构建的模型一和模型二进行了实证检验。修正后的教师建言行为影响因素的结构路径模型和知觉行为控制对教师建言行为的影响机制模型拟合度都比较好，模型具有较强的解释力。结果显示，感知风险对行为态度的显著负向影响未获得支持；时间压力对建言行为意向和建言行为的显著负向影响都未能获得支持，其他假设均获得支持，具体假设检验结果如表5－13所示。

表5－13　　　　　　　　本研究相关假设检验结果汇总

序号	假设	检验结果
H1	行为态度对建言行为意向有显著正向影响	支持
H2	主观规范对建言行为意向有显著正向影响	支持
H3	知觉行为控制对建言行为意向有显著正向影响	支持

续表

序号	假设	检验结果
H4	建言行为意向对建言行为有显著正向影响	支持
H5	知觉行为控制对建言行为有显著正向影响	支持
H6	感知风险对行为态度有显著负向影响	拒绝
H7	感知成就对行为态度有显著正向影响	支持
H8	知觉行为控制对行为态度有显著正向影响	支持
H9	主观规范对行为态度有显著正向影响	支持
H3a	参与治理能力对建言行为意向有显著正向影响	支持
H3b	时间压力对建言行为意向有显著负向影响	拒绝
H3c	行政领导沟通开放性对建言行为意向有显著正向影响	支持
H5a	参与治理能力对建言行为有显著正向影响	支持
H5b	时间压力对建言行为有显著负向影响	拒绝
H5c	行政领导沟通开放性对建言行为有显著正向影响	支持

总体来看，行为态度、主观规范和知觉行为控制对行为意向都具有显著正向直接影响效应，其中行为态度对行为意向的影响效应最大。行为态度主要是成就驱动型，而不是风险规避型。主观规范对行为态度具有较大的影响，可以通过行为态度对行为意向产生间接影响，还可以直接影响行为。时间压力对行为意向具有微弱正向影响，对行为不具有显著影响。在行为意向的产生阶段，参与治理能力的影响效应最大，在实际行为的发生阶段，行政领导沟通开放性的影响效应最大。本章结合相关文献资料、访谈及参与式观察对这些研究结果进行了解释和讨论。行政领导的行为和态度是影响教师建言行为的核心要素。教师在学校内部治理体系中处于弱势地位，能否有效建言主要取决于行政领导给不给机会，愿不愿意以开放包容的心态，倾听并及时反馈教师们的意见和建议。

基于实证检验结果，本章对第二章构建的教师建言行为意向影响因素的组态模型（模型三）和教师建言行为影响因素的组态模型（模型四）进行了修正，删除了感知风险和时间压力这两个前因条件变量。QCA研究结果发现，建言行为意向具有三种促发模式，建言行为具有三大促发模式，共五种子模式。积极的行为态度和较高程度的感知成就是促发教师建言行为意向的核心条件，源自外部的控制因素（行政领导沟通开放性）和教师个体内部的自我效能感（参与治理能力）可以相互弥补。在具备建言行为意向的基础上，教师个体内部较强的参与治理能力效能感或外部较强的行政领导沟通开放性都可以促发教师的实际建言行为；感知成就作为单独的核心条件可直接促发建言行为；行政领导沟通开放性也可以作为单独的核心条件直接促发建言行为。个体层面的感知成就和结构层面的行政领导沟通开放性具有相互弥补的关系。QCA 基于组态的分析进一步支持和补充了定量实证研究结果。

第六章 高校教师建言行为的激励策略

基于第四章高校教师建言行为及其影响因素的状况分析、第五章高校教师建言行为影响因素实证检验和组态分析，高校教师建言主要通过公开的、程序性的渠道，总体上建言态度不够积极、知觉行为控制程度较低，尤其是行政领导沟通开放性不足成为教师建言行为的最大制约因素。大学的共同治理是各利益相关方共同参与的治理，尤其需要教师这一核心利益相关者的有效参与。教师参与治理问题是一个涉及体制机制、权力结构、制度文化等多方面的复杂问题，本研究聚焦于建言行为这一相对具体的参与治理行为，以提出学校管理方面的对策为落脚点。本章的核心内容是从优化学校管理的角度，回应高校办学实践中教师参与治理的现实困境，为激发教师建言热情提出相应的激励策略，以期增强学校内部治理效能、助推共同体建设。为了提高激励策略的科学性和合理性，本章还归纳分析调查问卷中教师们所提的建议，以期更全面地了解教师群体的诉求，并结合访谈资料和参与式观察分别从学校的制度、氛围和行政领导沟通开放性三大层面提出相应的对策建议。

一、教师建议的调查分析

（一）数据来源和处理

本研究除了通过与教师的访谈获得他们对促进教师建言、提高教师参与治理积极性的建议之外，还在调查问卷中了设置了一道开放式主观题（"您认为有哪些措施可以提高教师参与治理的积极性？"）作为获取建议信息的补充来源。在排除一些没有实质性内容的填答（如"无""不知道""暂时没有"）后，最终得到来自232位答题者的245条建议。这些建议大部分都只有几个字，如"参与有奖""听取建议""与绩效挂钩""去行政化"等，相对简单明了；也有少部分被调查者填答得非常认真，提供了宝贵的个人看法和建议，成为研究者问卷调查中的意外收获。

研究者对这245条建议的文本内容进行了逐条分析，着重对字数相对多一些的文本进行归纳概括，形成每条建议的内容提要（关键词），再根据内容提要提炼主题，文本分析示例如表6-1所示。

表6-1 　　　　　　　　　教师建议文本分析示例

建议文本	内容提要	主题
不流于形式，真正听取意见，才会有参与治理的动力和实效	形式主义	行政领导
职能部门和二级学院领导真正鼓励，而且真正考虑和贯彻有理提议，而不是走过场	形式主义	行政领导
行政领导真诚真心倾听意见而不是走形式	形式主义	行政领导

经过统计分析，245条建议可以分为七大主题，即"制度设计""行政领导""学校氛围""人文关怀""参与治理能力""教师待遇""工作负担"，其中"制度设计"所占比例最高（45.31%），"行政领导"所占比例次之（29.8%），"工作负担"所占比例最少（1.63%），具体主题分类如表6-2所示。由于提高教师待遇和减轻工作负担是高校教师的普遍诉

求，在竞争日益激烈的现实环境下很难解决。本研究指向促进高校教师参与治理，提高建言行为积极性的具体建议，前面研究也发现时间压力（与工作负担类似）对建言行为的影响很微弱，因此，下面不再对教师待遇和工作负担两大主题进行分析，重点对前五大主题进行阐述说明。

表 6-2　　　　　　　　教师建议文本的主题分类

主题	比例（％）	数量	主要内容
制度设计	45.31	111	参与渠道、奖励机制、意见反馈机制、安全保障机制、意见征集机制、责任落实机制
行政领导	29.80	73	形式主义、放权、听取意见、及时反馈、主动宣传、认可包容
学校氛围	7.35	18	公平公正、宽松自由、合法合理、榜样示范
人文关怀	6.12	15	归属感、幸福感、认同感、自信心、自主性
参与治理能力	4.90	12	学习经验、教师素养、信息掌控
教师待遇	4.90	12	工资收入
工作负担	1.63	4	减少工作负担

（二）主题分析

1. 制度设计

完善体制机制是促进高校教师建言行为、提高教师参与治理效能的前提。调查发现，教师们认为参与渠道制度化，建立和完善奖励机制、意见反馈机制、安全保障机制、意见征集机制和责任落实机制等非常重要。

（1）参与治理渠道制度化。除了常规的教代会、座谈会之外，教师们希望学校能提供更多的参与渠道，从制度层面保障参与治理的渠道是畅通的。例如，"定时有效的沟通渠道""疏通建言献策的渠道""建立合理有效的渠道""制度性的基层教师座谈会""面向教师的谏言平台""二级学院教代会"等。

（2）建立和完善奖励机制。教师们认为有奖励才有动力，希望学校能提供激励措施，尤其是对被采纳的建议给予合理的奖励。例如，"奖励或者表彰参与治理的老师""一旦被采用就给予奖励""对有效意见给予奖励""给予一定的激励与支持""设立参与奖"等。

(3) 建立和完善意见反馈机制。教师们希望学校能完善意见反馈机制，从制度层面保障教师所提的意见和建议能得到反馈，提高教师的参与感，不要让参与治理成为教师的单方行动。例如，对"教师参与治理及时予以答复并形成制度化""从提高教师的参与感先入手，积极采纳建议并给予后续回馈与跟踪情况""让老师提的建议能得到即时和积极的反馈，间隔不要太久，也不要提了和没提一个样"等。

(4) 建立和完善安全保障机制。由于参与治理涉及不同主体之间的利益分配，可能会对个体的人身安全造成影响，教师们希望学校从制度层面保护他们的个人隐私。例如，"建立合理的制度，保障参加治理的不受伤害""对于核心利益，可听取第三方的意见建议""匿名参与治理""设立各类网络参与治理的匿名渠道""匿名问卷""增加匿名信箱"等。

(5) 建立和完善意见征集机制。由于存在信息不对称，一些事关教师切身利益的决策和相关管理制度在出台之前可能并未公开征集教师的意见。教师们希望学校提供参与治理的机会，从制度层面完善意见征集的常态化、公开化。例如，"学校给予机会参与治理""公开征集大众教师意见""制度性的公开征集教师意见"等。

(6) 建立和完善责任落实机制。与奖励对应，一些教师认为参与治理是教师的责任，学校要提高教师参与治理的责任感和使命感，将参与治理纳入绩效考核。例如，"强制参与和奖励相结合""每学期建言献策与教师工作量结合起来""纳入绩效，成为必须要完成的任务""增强使命感、责任感""认识治理的重要性""对自己的身份有认同感，对学校有主人翁的姿态才能有参与学校的治理"等。

2. 行政领导

教师建言本质上是一种教师和行政人员（主要是行政领导）的沟通行为。调查发现，填答字数较多的建议大多是关于行政领导方面的。教师们希望行政领导减少形式主义、多听取意见、及时反馈意见、放权、对教师多些认可和包容。

（1）减少形式主义。形式主义影响了教师对建言的行为动力。尽管学校提供了不少教师参与治理的渠道，教师们希望行政领导真诚听取意见，真正落实民主，不要说一套做一套，只是走形式、走过场。例如，"不流于形式，真正听取意见，才会有参与治理的动力和实效""理念行动都偏重民主"。教师们希望在政策制定方面多向教师开展调研，增加教师讨论交流的时间，真正鼓励和落实教师的提议。例如，"政策的制订前充分调研，真正的广泛征求教师意见，而不是走过场。""减少形式主义走过场式的做法，避免通过大会形式让老师投票或举手通过，应该让老师具有充分的交流时间。""职能和二级学院领导真正鼓励，而且真正考虑和贯彻有理提议，而不是走过场。"

（2）放权。当前高校内部治理中普遍存在行政话语权较大，甚至行政主导学术的现实问题，教师们希望行政领导能真正放权，让教师拥有决策权和发言权。例如，"让教师管该管的事情，让行政做该做的事情，把行政的角色和功能定位好""让教师有参与感，有发言权""教师拥有决策权""构建行政服务型高校，而非行政主导型高校"。如果行政领导不愿意放权，教师即使建言也难以对最终决策结果产生影响。"导向性问题，其实还是在于参与治理的意见是否能被合理采纳，还是说我们只管参与，领导其实自己已经有决策，那就是个形式。""体制机制方面还有待提高，提了也没用，这个是最大问题。行政大于学术。"

（3）听取意见。教师们希望行政领导不要只追求效率，多下基层，多听取民意。例如，"牺牲一点效率，提高一点民主""多开教师座谈会，听取民意""学校学院领导走基层，解决实际问题。""经常性下基层调研，开展谈心谈话。"高校治理是一项专业性很强的教育管理工作，也有教师建议行政领导多听取教育学专业教师的意见。"多听取相关专业教师的意见，尤其是教育学专业，不能只搞经验主义，也要有理论素养的来源。"

（4）及时反馈。教师们希望行政领导能及时反馈意见，给予针对性回复，对合理建议进行跟踪落实。例如，"真实采纳、实施部分老师良好的意见并有所反馈""让教师看到自己的提议被采用、被实施，而不是提交上去对结果没有丝毫影响。""提的意见能有针对性回复""真正采纳，并有实际整改成效。""保护个人隐私，对合理化建议进行研究讨论，稳定落实。"

（5）主动宣传。教师们建议学校领导要重视对教师参与治理的主动宣传，提高教师的参与治理意识。例如，"校方需提高教师参与治理的认识，很多教师认识上没有治理的概念""我认为学校应从上至下传达出明确的鼓励教师参与学校治理的信息。"学校对政策和管理制度要主动宣传，多鼓励教师关注政策制度。"主动向老师宣传学校、学院政策。因为部分老师除了科研教学之外比较被动，不愿意花时间、花心思去了解。"

（6）认可包容。教师们希望行政领导能重视教师参与治理的作用，认可教师的付出，秉持开放包容的领导风格。例如，"提高行政领导对教师参与治理的认可度""认可教师参与治理学校工作的工作量和付出，不论意见提的正确与否，领导都不应该有偏见。""专题讨论会，领导开放的态度和风格会提高积极性。"

3. 学校氛围

学校氛围对教师个体建言行为具有潜移默化的影响。调查发现，教师们希望学校具有公平公正、宽松自由、合法合理、榜样示范的氛围。

（1）公平公正。教师们追求公平、公开、公正的学校氛围，希望学校能及时公开相关决策信息，扩大教师代表的人数，在布置任务时能做到分工合理、公平公正。例如，"任务分工合理""信息公开透明，扩大代表人数""科学，公开，透明"等。

（2）宽松自由。教师们希望拥有宽松自由的学校氛围，认为开放包容的环境会无形中促发教师的建言行为。例如，"宽松氛围""积极开放的氛围会使教师参与治理的行为变得合理而自然""开放包容公正的政治环境"等。

（3）合法合理。教师们希望学校能依法治校，遵守条例办事，真正落实教师的权力。例如，"依条例进行管理""有明确的条例可遵守；另外，有条例但不遵守是最损害积极性的。"还有教师认为应该提高教师在学校治理体系中的地位，增加对行政人员的考核，"教师也有权对行政人员和部门作出考核"。

（4）榜样示范。教师参与治理的学校氛围需要榜样的带动。教师们希望学校通过精神激励，发挥榜样示范效应。例如，"表彰等精神激励，树立先锋"。

4. 人文关怀

建言需要教师们对学校的信任和情感投入，而信任和情感往往都是相互的，不可能是教师的单向付出。教师们希望学校能给予更多的人文关怀，提高他们的归属感、幸福感、认同感、自主性和对建言的自信心。

（1）归属感。教师们希望学校多关心教师个人发展，给予教师更多的关心和温暖，提高教师作为集体一分子的归属感，培养教师的大局意识和参与治理兴趣。例如，"提高教师的归属感""要让教师有归属感""将学校治理发展与教师个人发展挂钩"。

（2）幸福感。教师们希望学校能帮助他们在工作中体验到幸福感，提高教育工作的使命感和荣誉感，愉悦而满足地从事参与治理工作。例如，"提高教师的教学幸福感，将教育作为自己的生活"。

（3）认同感。教师们建议学校在提供物质激励的同时，给予教师足够的情感激励，提高教师对学校的认同感，激发对学校的情感反馈和参与治理责任感。例如，"引导增强认同感""实行奖赏激励机制和情感激励机制"等。

（4）自主性。教师们希望学校给予教师更多的自主性，发挥他们的主观能动性，让他们自觉主动参与学校治理。例如，"让老师们积极主动地参与到学校事务之中""提高教师的科研和教学的自主性"。

（5）自信心。教师们建议学校提高教师建言的自信心，提高教师的参与感。例如，"多开与治理意见有关的座谈会，让全体教师有参与感，强化重心，给予教师集体提出治理意见的信心"。

5. 参与治理能力

建言需要教师了解足够多的信息，具备沟通表达、问题分析等综合性能力。调查发现，教师们希望学校给予更多的学习机会，提高教师们参与治理的经验和素养。

（1）学习经验。教师们希望学校给予更多的学习和交流机会，让他们加强学习，获取参与治理的经验，提高参与治理的兴趣和动力。例如，"多去参加一下治理的课程""很多教师缺乏参与治理的经验和兴趣，需通过多年工作积累、与同类高校交流获取经验方法和动力"。

（2）教师素养。教师们认为教师参与治理需要教师个人素质的提升、教师队伍整体素质的提升。例如，"提高个人素质修养""提高教师队伍的综合素质""高校教师自身要提高治理能力"。

（3）信息掌控。教师们希望学校能公开决策信息，及时传达政策动态，提高教师的信息掌控能力，进而提高教师的参与治理能力。例如，"帮普通教师了解发现动态"。

二、教师建言行为积极性不高的问题根源

共同治理是大学治理现代化的发展趋势，然而现实中教师参与治理的主动性、自觉性和能动性都不高，教师建言行为积极性不高，教师参与治理成效不佳。这与不同个体的信念之间存在差异，未能形成共同的治理目标和行为规范有很大关系。究其根源，主要体现在学校的制度保障不力、行政领导的沟通开放性不够、教师的公共责任意识不强和教师的参与治理能力不足这几个方面。

（一）学校的制度保障不力

本研究调查发现，教师建言行为意向不高，实际行为更少，行为意向和实际行为之间的差距也反映了学校制度设计存在一定的缺陷。虽然学校的章程赋予了教师参与治理的权利，然而教师参与治理的主体地位并没有得到有效的制度保障，缺乏操作意义上的细化和有效落实，普通教师参与

渠道有限。本研究调查发现，高校教师建言主要采用公开的、工作紧密相关的、程序性的渠道，如专业（教研室）工作会议、教职工代表大会等，相对被动和保守，对主动性要求较高的校长信箱等渠道采用较少，私下建言更有赖于教师和领导的私人亲疏关系。这些传统的程序性的治理渠道在现实中具有一定的形式化，尤其是人多的会议场合，很多时候教师不会说真话，教师建言的成效不佳。

大学作为"松散结合的系统"，内部具有"有组织的无序状态"，大学治理结构是为各治理主体确定交往互动的程序和规则，单纯改变治理结构往往难以达成有效治理。大学在完善治理结构的基础上，还要形成多元民主的治理方式、规范透明的治理过程，进而创建良好的人际关系和信任氛围（王占军，2018）。大学有效治理不仅需要完善治理结构更要优化治理过程，使各利益相关者在大学运行中既各尽所能又合作共事（顾建民，2018）。善治是使公共利益最大化的社会管理过程，基于大学的组织特征和复杂性的客观现实，善治是一种明智的大学治理选择，要遵循"效率优先、整体设计、民主管理、制度保障"原则（眭依凡，2014）。教师参与治理除了结构化的渠道设计，还需要相应的运行机制，尤其是反馈机制。反馈机制的不足直接影响了教师建言的积极性和有效性。访谈中不少教师提到"没用"，自己的意见建议得不到有效反馈，或者周围同事的意见建议最后都不了了之，改变不了学校的决策，这让他们对教师建言的价值产生了怀疑，无奈之下选择了放弃。

大学内部规则创建的价值源于大学内部成员对规则的参与、体验和基于规则的选择、互动，规则的效用体现在为个体提供预期可能行为的基本框架，以及通过预期行为使个人利益最大化的策略路径（廖湘阳，2021）。利益相关者也是责任分担者，制度的设计需要协调利益相关者的责权利（刘恩允，2012）。学校治理是一个涉及多个利益主体的复杂系统。学校希望通过教师参与学校治理促进学校的发展，维护或增加学校的利益，而对于教师个体，参与本身不是目的，参与结果才是目的，教师参与治理往往是为了追求个体利益，即使追求集体利益也是在个人利益不受损害的前提下。本研究实证研究发现，感知风险对建言行为态度没有显著负向影响，感知成就,尤其是感知到的个人权益保障影响了教师建言的行为态度,说明教师的建言行为具有成就驱动性,而非风险规避性。进一步 QCA 研究发现,积极的行为态度和较高程度的感知成就是促发教师建言行为意向的核心条件,感知成就还可以作为单独的核心条件直接促发教师的实际建言行为。奖励机制的不足让很多原本就对参与治理兴趣不大的教师对参与治理更加冷漠,在个人有限的时间精力面前,他们有心无力抑或无心无力从事建言工作,建言行为在他们眼里成了一件浪费时间的事。如果学校强制性要求教师参与,并不能得到有效的回应,反而可能会加剧教师的抵触情绪,形成消极应对的恶性循环。

(二)行政领导的沟通开放性不够

本研究实证研究发现,在教师实际建言行为的发生阶段,行政领导沟通开放性的影响效应最大,进一步 QCA 研究发现,在具备建言行为意向的基础上,教师感知到较强的行政领导沟通开放性可以促发教师的实际建言行为,行政领导沟通开放性还可以作为单独的核心条件直接促发教师的实际建言行为。本研究调查发现,与行为态度和主观规范相比,教师对建言行为的知觉行为控制程度非常低。对知觉行为控制三个维度的进一步分析发现,行政领导沟通开放性程度较低,即教师对行政领导的合作行为的可控性不足。行政领导的沟通开放性在一定程度上反映了行政领导对教师的认可和尊重程度,影响了教师建言的积极性和主动性。行政领导沟通开放性不足导致教师感知不到信任和尊重,难以在参与治理过程中获得认同感、成就感和意义感,造成了教师对建言的冷漠和疏离。

领导者的个人特质影响了决策过程中的参与度和信任氛围,在大学内部治理中领导力的重要性日益突出(严玉萍,2018)。沟通与协商过程不会自行展开,需要领导力彰显"破冰"作用,更好地推动大学实现有效治理(刘晨飞和顾建民,2018)。理想的教师和行政人员之间的互动应是一种信息透明、相互尊重和平等对待的双向沟通,然而现实治理过程中,两者的沟通往往是上对下的单向告知,没有做到平等意义上的信息互通(向东春，2020）。随着高校越来越强调民主管理和治理能力现代化，行政领导下基层调研的次数越来越多。本研究基于 Z 校的参与式观察发现，现实中很多场合教师参与治理变成一种低效的表演，大部分教师选择了沉默或形式化参与，主动放弃了参与治理的权力。主动征言和及时反馈是对教师的一种尊重与认可，本研究访谈发现，相比刚性的治理结构，行政领导的沟通开放性等软性治理文化是促发和维持教师建言行为的主要因素。本研究调查还发现，教师对行政领导及时反馈的诉求较高，但对行政领导及时反馈的可控性较低，对行政领导征言的真诚性也不是很有把握。如果感知不到反馈的可能性，教师们会判定参与治理只是形式主义，行政领导并不是真诚听取意见，进而选择沉默和疏离。尤其是那些认真准备的提议没有得到针对性的反馈，甚至都不知道是否已收到，会大大伤害教师后续建言的积极性。总体而言，建言行为本质上是不同利益主体之间的一种沟通行为，作为沟通方之一，行政领导在给予教师足够的尊重和信任方面还有欠缺，未能获得教师对其的充分信任，减弱了教师建言的兴趣和信心。

（三）教师的公共责任意识不强

本研究实证研究发现，主观规范不仅影响教师的建言行为意向，还直接影响了教师的实际建言行为，然而，教师建言的主观规范程度不高，即受到来自重要他人对其建言的压力和自身对建言的责任感知并不高。

基于信任和合作的集体行动是教育治理实践的目标指向，面对各治理主体之间存在的价值和利益分歧，除了刚性的制度的规治外，还需要非制度化的"良心"介入，整合治理责任，强化主体的德行（刘金松和肖景蓉，2021）。哈贝马斯（Habermas，2003）在《在事实与规范之间》一书中指出，伴随着公共领域的不断退化以及公共协商机制的日益消解，公民个体已经越来越倾向于从公共领域退缩到个体生活领域，患上了"唯私主义综合征"。有学者基于对中国社会"唯私主义综合征"的反思，认为打造共建共治共享的社会治理新格局，迫切需要培育公共参与意识和精神，促使个体从只追求个人利益的工具理性思维转向更为博大的公共理性思维

（叶飞，2020）。奥尔森（Ohlsson，2014）的集体行动理论认为个人理性不能保证集体理性，除非存在强制或其他某些特殊手段，有理性的、寻求自我利益的个体在集体行动中都想"搭便车"，并不会采取行动以实现共同的或集体的利益。教师建言行为受到成就驱动，往往带有一定的自利性，缺乏公共责任意识，一些教师甚至存在"搭便车"的心态，希望别人出头自己沾光。在越来越内卷的高校竞争环境下，有些高校教师被迫专注于个人的成败得失，而不关心学校的整体发展和集体利益，成了"精致的利己主义者"。本研究调查发现，有些高校教师的建言行为属于典型的个人利益驱动下的"防卫性参与"，即只有当某项制度或决定损害到自己利益时他们才会选择去发声。这种组织公平感刺激下的参与行为，往往伴随着私下场合的激烈情绪表达或者公开场合的被包装成集体利益的委婉表达。总体而言，学校在培育教师的公共责任意识方面还有欠缺，未能有效激发教师建言的主动性和自觉性。

文化治理是大学内部治理的一种新范式，其本质特征是通过文化认同和价值规范的整合机制，加强个体的自我约束，促进个体的自觉参与，将对个体的"控制技术"转化为个体的"自我治理"（吴立保，2020）。大学内部成员之间共同情感联系缺位，参与治理的责任感不强，难以形成适合中国国情的大学内部治理文化，阻碍了大学治理能力的提升。大学内部治理的成效不仅取决于治理结构和制度设计是否科学合理，更取决于各参与主体是否认同这些制度体系，能否积极配合相关制度的贯彻落实，这就需要一种引导教师积极参与治理的学校文化和氛围。本研究调查发现，教师对学校的人文关怀诉求较高，希望获得归属感、认同感和幸福感。公共责任意识的培育不仅仅靠思想观念的强制灌输，更需要学校文化的长期浸润和感染。学校在对教师建言行为的情感激励和榜样示范方面还有欠缺，尚未有效激发教师建言的责任感和内生动力。

（四）教师参与治理的能力不足

本研究实证研究发现，在教师建言行为意向的发生阶段，参与治理能力的影响效应最大，进一步 QCA 研究发现，在具备建言行为意向的基础上，教师个体内部较强的参与治理能力效能感可以促发教师的实际建言行为。本研究调查发现，教师实际建言少于期望建言，对学术性事务的期望建言和实际建言较多，对管理性事务的期望建言和实际建言较少。这与教师对学术性事务更熟悉，对管理性事务的治理能力欠缺有较大的关系。普通教师一般缺乏学校治理方面的系统性训练，也达不到学校治理所需要的战略高度。访谈中也发现，教师对自己参与治理能力的不足有比较清晰的自我认识，也不会高估自己所提的意见和建议的质量，保持沉默或附和性发言是他们的一种理性选择。

本研究调查发现，教师参与治理的信息掌控能力不足，参与治理能力的自信程度不高。相对而言，在高校内部信息共享层面，具有学术委员会成员、教代会代表等身份的少部分教师获得决策信息的机会多一些，广大普通教师处于内部治理体系的边缘地位，获得的决策信息非常少。访谈中发现，被调研高校一些内部制度的出台，没有及时面向广大教师进行宣传和解释，教师只是被告知、被遵守，而没有参与协商的机会。

参与治理能力的强弱一方面取决于教师个人的经验积累，另一方面取决于学校的信息公开情况。在信息不对等的情况下，教师无法了解决策内容的前因后果，不能提供有针对性的意见和建议，在参与治理过程中只能充当观众的角色。信息公开化不仅节约了学校的管理时间成本，而且公开透明的态度也增强了教师对学校的信任。本研究调查发现，学校没有足够重视教师参与治理，教师们希望学校创造条件提供更多的学习交流机会，帮助教师领导力提升。面对学校发出邀请，教师却不积极建言的现实窘境，学校需要给予教师更多的精神激励，提高教师建言的自信心，让教师有能力且有信心建言。

三、教师建言行为积极性不高的突破向度

大学的共同治理需要建立一个基于共同价值观，实现共同目标的文化

共同体。从强调结构、制度及顺从的"硬治理"到关注信任与领导风格等个人和文化变量的"软治理",是新自由主义社会环境下对共同治理概念的修正(Kater S T,2017)。大学共同治理这一理想目标的实现离不开宏观政策环境支持。从优化学校管理的角度来说,高校可从优化制度设计、加强学校氛围引导、提高行政领导沟通开放性三个方面,引导教师合法、合理、合情的建言行为,突破教师在学校内部治理中建言积极性不高、建言效能不佳的现实困境。

(一)从形式到实质的制度设计

高校教师参与治理的制度设计应从形式转向实质,扩大教师参与治理的机会和渠道,完善教师建言的体制机制,真正落实高校教师参与治理的权力和责任,为教师积极建言、有效参与治理提供制度保障。

1. 参与渠道

大学内部教师、管理人员和学生分别对应学术权力、行政权力及学生权力,在大学内部管理实践中,应通过不同的渠道发挥各自的作用,形成不同权力之间的制衡,维护各自的利益(李福华,2007)。目前高校教师参与治理的渠道包括正式组织渠道和非正式组织渠道。正式组织渠道主要指通过学校和院系的教职工代表大会、教学与科研相关学术组织、民主党派与社会团体等组织参与治理,参与的途径有代表制、遴选制和委员会制等(张坤和张雷生,2021)。这种正式组织形式只有少部分教师参与,带有一定的精英治理特性。非正式组织渠道是教师自发的,覆盖面较广,是对正式组织渠道的有效补充,也是大部分普通教师拥有的渠道,参与的途径有校长信箱、座谈会、私下建言等。有学者研究发现有教师私下向学校、职能部门行政领导提意见和建议,但在座谈会等公开场合,近九成的教师却选择了沉默(朱家德,2017)。

学校应完善正式组织渠道的教师参与准入机制。以学术委员会为例,学校可在校、院两级学术委员会的基础上,根据学校事务分类情况设立专业委员会或分委员会，充分发挥教师的专业优势，提升普通教师成员在学术委员会中所占的比例。学校还可通过动态调整，扩大这些正式组织的成员流动性，给予更多普通教师参与治理的机会。

在数字化时代，信息的发布、传播和反馈更加高效、便捷，为教师建言的渠道和方式提供了更多选项。现有的正式组织渠道相对固化，学校还应丰富面向大多数普通教师的非正式组织渠道，尤其是网络建言渠道。借助信息化工具，可以提高教师参与治理的积极性，促进更多的教师从沉默走向建言。例如，借鉴政府部门的民生论坛做法，建立实时互动的信息化意见征集和反馈平台，教师可以匿名发布对学校发展的意见和建议，随时查看跟踪进度。学校相关职能部门也可以设置针对具体政策制度的意见和建议征集栏目，了解和分析教师诉求，提高政策制度的科学性和可执行性。信息化渠道一方面可以呈现意见跟踪反馈过程，提高信息处理过程和结果的公开化；另一方面也可以通过匿名形式保护教师的个人隐私，提高教师建言的安全保障。虽然信息化渠道这种公开监督的方式在一定程度上是对学校领导和相关职能部门的自我加压，但是治理渠道的自由畅通扩大了教师建言的机会，保障了教师参与治理的权力，也让一部分不善于口头表达的教师有了发声的渠道，让教师获得更多的自主性、能动性和幸福感。

"应该突破传统的会议形式。通过开大会的形式，我觉得很多都是言不由衷。应该通过信息化的形式将参与的渠道进行扁平化处理，让每一位老师都有渠道对学校的发展建言献策。线上形成的文字是经过一定思考的。线下的形式可能更多一些情绪化的表达，而且说完就完，线上文字化建言有利于个案追踪，利于总结"（S03）。

2. 意见反馈机制

尽管教师建言很多时候都带有自己的个人私利，所提的意见建议也未必都适用。哪怕一时不能采纳，教师们也希望学校能给予及时的反馈和解释，而不是石沉大海。无论是传统渠道，还是信息化渠道，学校都应重视意见反馈的重要性，将意见反馈制度化而非随性对待。以调研的 Z 校为例，新校领导上任后，开展了多种形式的意见征集，学校层面及时汇总分析征集到的各类意见建议，并督促相关部门给予反馈，及时发布落实情况。自《关于广泛征求2020年度学校党委领导班子民主生活会意见建议的通知》后，学校先后发布《关于加快落实办理学校领导班子专题调研和民主生活会收集到的意见建议的通知》《关于学校领导班子专题调研和民主生活会收到的意见建议落实办理情况的通告》。因为执行过程中的困难，Z校教师提的很多意见和建议并不能得到落实，学校也只能选择一些能解决的理发、洗车等民生问题落实，很多收入分配等关键制度性提议都不了了之，未能得到跟踪反馈，不少教师反映"提了没啥反馈，以后也不想提了"。

"教师提了以后（管理人员）要梳理一下，转到相关部门去执行，有勇气的话也可以公开反馈。这样的话老师们会有一种自己是主人翁的意识感，对学校也有认同感。否则的话他觉得我在这学校里面反正是可有可无的一个人，向心力就没有了"（S06）。

"做一些匿名处理，做一些信息保护，还要有一个进度，而且是必须给一个比较明确的回复，哪怕不是这个部门负责的，已经移交给另外一个部门，也要有一个信息反馈，这样就感觉很舒服"（S07）。

S博士的"建立意见征集后的反馈通道"获得了"我为××发展献一计"一等奖。研究者跟他交流后发现，他认为意见征集等同于形式、基层呼应不高的原因很有可能就是上下反馈传达不畅导致的，建议学校建立专门反馈机制和通道，实行谁征集谁负责的制度，对每条意见和建议给予明确的落实。

"对所有征集到的意见和建议进行整理，进行归类，形成文字材料；逐一反馈，每条意见和建议的处理给予明确落实，如驳回（需注明理由，如实施条件欠缺、缺乏法理依据、违背原有管理制度等）、采纳但暂缓实施（需注明计划实施日期）、采纳并实施。反馈以上两点所形成的文字材料在校园网内网公布，涉密类可口头反馈到提意见的部门或个人。参考教代会提案做法，每案必反馈"（S博士）。

虽然建立意见反馈机制增加了学校管理者的工作负担，但是建立意见反馈机制可以让教师心理上感受到被学校重视，将学校和个人紧密联结起来，提高教师对学校的认同感和归属感。对意见征集部门而言，及时反馈也能争取民心民意，毕竟大部分教师都是通情达理，希望学校发展越来越好的。正如 S 博士所言，"有些无法接纳的意见，一旦反馈及时公开透明且有理有据，无形中可消弭不稳定因素，同时树立部门形象，缓和集体和个人关系"。不管教师所提的意见是否合理，学校都要给予反馈。只有建立和完善意见反馈机制才能形成教师积极建言、行政人员和教师共谋学校发展的良性循环。

3. 奖励机制

本研究调查发现，教师对建言行为感知成就的程度并不是很高，但与感知风险相比，教师的建言行为主要是成就驱动而非风险规避。因此，高校可通过建立和完善奖励机制激发教师建言行为的成就动机。

教师作为理性人，没有一定的奖励难以让其在繁重的教学、科研工作负担中腾出时间和精力参与治理。充分考虑合作者的偏好和利益时，更有可能促进相互信任和相互尊重的形成。高校应理解教师的趋利性，通过制度引导教师关注大学内部治理。高校可设立参与治理贡献奖之类的奖项，对被采纳的意见给予表彰和奖励，如 Z 校的"我为××发展献一计"活动。不过仅停留在表彰和小额现金奖励，可能仍不能激发教师建言的积极性。为了扭转高校绩效问责文化导致的教师只关注个人利益，而忽视集体利益和公共服务的局势，国外一些高校正在尝试改变晋升与终身制政策，把教师在校内的各种服务活动纳入评价体系（Macfarlane B，2007）。国内高校也可以考虑将建言献策与教师的绩效考核、职称晋升等个人重大利益直接挂钩。例如，将被采纳的意见建议作为工作量，实现与教学、科研的工作量互换。目前很多高校都是自主职称评聘，可以考虑将被学校采纳的意见和建议作为成果类型纳入职称评聘标准。

"人天生都有一种趋利性，肯定会往自己有利的地方考虑一下，这也是很正常的"（S06）。

本研究所指的成就除了保障个人权益，还有促进学校发展。有学者研究发现，个人与组织匹配能促进个体对组织的情感承诺，组织支持感和信任能促进个体的创新工作行为（Akhtar M W et al.，2019）。学校除了在业绩考核等方面给予物质奖励外，还应多加以情感激励。作为集体一分子，如果自己建言能促进学校发展会提高教师的工作意义感和成就感，增强其对学校的认同感和情感承诺。访谈中也发现，教师们大多数还是有情怀的，比起物质奖励更在意精神层面的认可所带来的成就感。毕竟纯粹的物质奖励容易滋生教师的功利主义和自利性，不利于教师的个人成长，也不利于学校的长远发展。

"人一方面是为了钱，还有一方面我觉得我们大部分的人还是有情怀的，个别的有些是功利的，那是没办法，大部分还是有情怀的。学校好了，你出去也有面子"（S01）。

"虽然专业主任工作量大，有时候一下子情绪就会崩溃，但是后面看到专业在发展、学生在进步，哪怕是领导的一句口头的表扬，表扬这个专业做得不错的时候，你的心里是很高兴的，所以这个可能也是有一定的成就感和满足感"（S09）。

4. 责任落实机制

与奖励机制的额外补贴性质相对应，高校还可以通过建立责任落实机制，强化教师对建言的责任和义务感知，培养教师的公共精神，尤其是对那些工作年限较长，对学校发展问题麻木、产生职业倦怠的教师，要恢复他们对学校发展的主人翁意识。

参与治理既是教师的权力，也是教师的责任，兼具自利性和他利性。高校需要理解教师的自利性，增强教师的他利性，引导教师建立个人发展和学校发展的紧密关系，帮助教师提高建言的自觉性和公共责任意识。

"工作这么多年了，我们对学校是有感情的，总希望学校能发展好，人家说起来这个学校好像进步不大，那心里面真难受。其实学校进步不快，跟每个人都相关，跟领导有关系，跟老师也有关系"（S04）。

"有的人是出于公心，分析部门情况，这个工作可以怎么做得更好。也有的人出于私心，可能有些事情是无中生有的，或者有些人是发泄私人恩怨，什么样的人都有、什么样的事都有。真正有公心的人还是很难得的"（S06）。

研究者参与观察了Z校多次学术委员会现场会议。大部分委员在主任委员的引导下都会主动或被动发言，但是很多时候委员的意见和建议都是维护或争取自己所在二级学院或小团体的利益，难以站在学校层面客观分析，比如教学成果奖的推荐，他们作为二级学院的代表，为自己所在学院争取利益是一种理性的选择，也是他们的"责任"。委员们更关心《科研成果奖励办法》等同自己切身利益相关的政策，主动提出了很多的意见和建议，会议持续时间很久，而对跟自己关系不紧密的《博士培养工程实施办法》《人才引进与聘任实施办法》却很少发言，会议匆匆表决通过。

除了加强少部分教师作为代表在学术委员会、教代会等正式场合的履责义务外，还要鼓励大部分普通教师提高主人翁意识，多承担学校集体任务、多为学校发展建言献策。例如，Z校党委书记在学校双高校建设动员大会上，呼吁教师增强责任感和使命感，"什么事情如果用心了，都能干好。用心来自哪里呢？用心来自使命，用心来自责任。如果认同学校的发展，就有使命感，就会跟学校发展同命运、共呼吸，才会用心去做。另外你是主人翁，你是这个学校的人，你不干谁干，要拼、要抢、要争贡献"。

5. 信息公开机制

任何一种教师参与治理渠道的良好运行都要依托一整套制度集合（叶文明，2017）。目前我们正处在信息化、数字化的社会。与信息化渠道相呼应，高校应建立并落实基于信息化平台的信息公开机制。信息公开要面向广大教师，实现常态化、制度化。《高等学校信息公开办法》（2010）对高校的信息公开内容、途径和要求等作了明确要求，"高等学校应当在学校网站开设信息公开意见箱，设置信息公开专栏、建立有效链接，及时更新信息，并通过信息公开意见箱听取对学校信息公开工作的意见和建议。学校决策事项需要征求教师、学生和学校其他工作人员意见的，公开征求意见的期限不得少于 10 个工作日"。高校应贯彻落实国家政策文件，结合本校教师对校务公开需求的调研分析，明确信息公开的内容、程序和时间期限等，通过办公内网、微信群、论坛等及时公开学校的发展现状、相关决策的背景、过程跟踪和结果处理等信息。

这种公开接受监督的信息公开方式有利于信息的大范围快速共享，节约了管理成本，确保教师及时了解相关决策信息，提高了教师参与治理能力。信息公开机制还打破了当前高校内部普遍存在的行政群体和学术群体之间的信息不对称问题，保障了教师的知情权、参与权和监督权，维护了学校决策的程序正义，获取了教师对学校的组织信任，提高了教师建言的主动性和能动性。

（二）从绩效问责到民主包容的学校氛围建设

制度设计主要是从技术层面为教师建言提供基本保障，重在对治理结构和运行机制的优化。软性的文化是对硬性的制度的有效补充。高校应构建公平公正、宽松自由、积极向上、友好温暖的学校氛围，缓解绩效问责给教师带来的工作压力，提高教师对学校的认可和信任，增强教师建言的责任感。

1. 公平公正

大学内部共同治理涉及利益相关者之间的权益和利益分配。公平公正的学校氛围是保障学校决策质量、促进共同治理结构有效运作的基本前提。教师个体维护自身权益的自利性应该得到学校的理解，但学校不能无底线、无原则地迁就个别教师的私利而牺牲其他群体的集体利益。在共同治理背景下，需要平衡学校和个人的利益，教师仍被期望表达教师的兴趣和关注，但也应该将这些兴趣编织到学院或大学整体利益的更大"织锦"

中，积极参与治理（Heaney T，2010）。除了行政人员和教师之间的权力和利益冲突，以职称为身份符号的高校教师群体内部也具有一定的层次性。尽管高校给予所有教师参与治理的权力，然而不同层级的教师具有不同的控制力。有学者分析了社会分层对高校教师参与学校决策的影响，认为价值观分裂、利益分歧、机会与资源的不均等分布造成不同层级教师之间的观念冲突，影响共识达成（陆韵，2018）。

公平不等于平等，不患寡而患不均，比起绝对的公平，相对的公平更加重要。如何在公平公正的前提下，激发广大教师的工作积极性和集体责任感，这对高校行政领导的综合素质是个极大的考验。访谈中发现教师们都比较渴望公平公正的学校氛围，尤其是一些涉及教师切身利益的制度的出台，希望学校能平衡各方利益，更加体现公平性。

"管理者本身是要去管人的，本身整体的素质不高的话，影响整个学校。如果老师们都觉得制度不公平，觉得不能接受的话，就执行不了"（S06）。

"学校的收入分配问题，我们＊＊老师提过意见的，他写了整整两页，问题也分析了，我也觉得他看到问题了，但没有用"（S02）。

秩序是正义公正的前提条件，教育治理法治化应以法律为准绳，摒弃人治的治理恶习，用法律来治理官僚主义、形式主义、经验主义等不良现象（孙东山，2018）。中国是个人情社会，熟人关系容易影响决策的公平公正性。学校应自觉依法治校、秉公办事，增加管理的规范化和有序化，祛除"人情关系""面子文化"等隐性非正式规则对学校内部治理的影响。当前个别大学内部治理的一大突出表现是"人治"逻辑而非"法治"逻辑主宰着大学（刘尧，2017）。依法治校不仅要在组织架构和权力分配上合法，也要实现决策程序的合法。学校应科学制定并严格执行大学章程，厘清行政人员和教师的权责边界，提高决策过程和结果的公平公正，维护广大普通教师的合法权利。行政领导要提高自身的综合素质，努力营造公平公正的学校氛围，调节学校内部不同群体的利益关系，避免教师参与治理成为少数精英教师的特权。针对一些有争议的问题，也可以引入第三方进行论证。只有公平公正才能缓和教师内部社会分层带来的不均和矛盾冲突，减少精英治理的制度缺陷，获取广大一线普通教师对学校的信任。

2. 宽松自由

科恩与马奇认为现代大学组织是一个复杂的系统，具有目标模糊、技术不确定和人员流动等特点，并提出了"有组织的无政府"的概念（陈洪捷等，2014）。自由而非等级控制是高校作为学术组织不同于其他组织的特性。宽松自由、能接纳包容不同意见的学校氛围才能让教师们勇于发出真实的声音。然而，现实中高校的科层化越来越明显，教师成了被管理被控制的对象，绩效问责让教师们身心疲惫又无可奈何，行政人员与教师的关系越来越对立和冲突，宽松自由的大学氛围成为一些高校教师们遥不可及的梦想。一些学校为了应对上级部门的评估，只能把评估指标一级级下放，从院系到教师。评估不仅仅代表建立目标、评估进度和生成报告的制度实施，它似乎更肯定地被用作从生产率和价值方面评估教师的指标，让教师觉得自己受制于一个与他们的学科实践或内容几乎没有关系的问责制度（Buhrman W D，2015）。在绩效问责的高压氛围下，教师们被迫追逐学校制定的一项项指标，争分夺秒创造佳绩，以期为自己的身价加码。资本主义治理模式正在加大教师和行政人员之间的治理差距，教师觉得他们的声音没有被听到，除非他们被发现是他们部门的强大财务贡献者（McDaniel M，2017）。

本研究发现虽然本科院校（"双一流"大学和一般本科院校）教师感知的时间压力显著大于高职高专院校，但他们建言的行为态度显著比高职高专院校教师积极。这可能与本科院校更加宽松自由，教师对学术权力的认知和维护诉求更多一些有关。大学治理不是仅仅为了管理或控制而存在，不能将教师完全物化为创造绩效的工具人，而是应该树立以人为本的办学理念，尊重教师的个体差异，创造宽松自由的工作氛围，允许内部不同声音的存在，发挥不同教师的优势和能量。作为集体的一分子，无论教师还是行政人员，促进学校更好发展是他们的美好初心和共同愿望。高校尤其是高职高专院校应多激发教师"善"的一面，给予更多的言论自由，鼓励教师合法合理参与学校治理，群策群力，民主协商，不要让好心建言的教师面临被标签化的风险。

"个别捣乱的人也许每个单位都有，但是绝大部分的人实际上是不捣乱的，都应该是好的"（S05）。

3. 积极向上

学校治理是一项艰巨的工作，是一项后天习得的技能，需要致力于学习和反思性实践。对公开、透明、可信的承诺和保持这些品质的努力，大学就能实现其作为成人教育机构的潜力，让教师自由参与，共同创造未来（Heaney T，2010）。针对教师参与治理能力不足的现实问题，学校应鼓励教师通过收集资料、实地调研等科学手段，以事实说话，提高建言内容的科学性、合理性，避免征求意见的各类座谈会只是成为教师们发泄不满情绪的"吐槽大会"，解决不了任何问题。

大学共同治理的有效推进不仅需要教师提高参与治理能力，也需要行政领导不断提升治理能力，以身作则，赢得教师的信任和支持。有学者对美国中西部一所大学的调查研究发现，大多数受访者对缺乏技能的领导者的影响表示担忧，他们建议领导者在承担责任之前应该有适当的经验（Johnson A L et al.，2017）。由于个体的时间精力有限，教师的参与治理角色容易与教学、科研、社会服务等其他角色产生冲突。教师在面对多重角色冲突时如何选择应对策略往往受到个人价值观的影响，而个人价值观往往会随着周围环境和个人经历的变化而调整（郑琼鸽和余秀兰，2020）。学习型组织不仅对工作投入有正向预测作用，而且对创新性工作行为有显著的正向预测作用（Hosseini S & Shirazi Z，2021）。打造学习型组织、营造积极向上的学校氛围能增强教师对行政领导的信任，让教师们看到学校发展的希望，引导教师认同学校的办学目标和价值取向，实现教师个人和学校发展的共赢。

"人总是要有梦想或者有信念，但他感觉这个梦想越来越难的时候，他的积极性也会降低。没有一个老师不希望学校发展的，但是看不到发展前景的时候，很多老师可能会去关注自己的事情，建言最后可能也会受影响"（S04）。

主观规范会影响教师建言的行为意向和实际行为。教师通过耳濡目染其他同事建言的经历，就会对自己是否要建言、怎么建言形成判断，尤其是其他同事的失败经历会打击教师建言的积极性。学校应树立积极向上、敢于发声的先进榜样，发挥他们的示范引领作用，提高教师们的主人翁意识，促进更多的教师积极建言。

"如果是跟自己有关系的话，周围的老师可能也会提一些建议，你自己也会潜移默化地形成一种判断了——这些东西能不能处理、能不能说"（S07）。

4. 温暖友好

当前高校的绩效问责增加了教师的工作压力，也催生了教师的自利性，成为教师建言的一大现实阻力。相比制度结构的"硬治理"，信任和领导风格的"软治理"是教师们如何概念化共同治理的核心，但许多教师要么表达了在治理中承担教师角色的负担，要么表达了对一种虚幻的治理过程的挫败感（Kater S T，2017）。高校教师主要从事学术工作，而学术文化和行政文化又天然存在较大的差异与冲突，教师参与治理的失败经历会让他们失去对学校行政人员的信任。在高校日常工作中，行政人员常以"主人"姿态自居，给教师留下了官僚作风明显、素质欠佳、效率低下的负面印象，管理方式欠妥加剧了两者之间的对立冲突，难以形成学校的凝聚力（刘爱生，2017）。因为缺乏治理工作的激励机制，教师作为受管理的专业人士，在关键的制度和学术决策中越来越被边缘化，产生了一种对集体事务越来越冷漠的文化氛围。

大学内部治理由行政领导为代表的制度人和以教师为代表的生活人共同塑造，推进大学内部治理改革不仅要基于制度逻辑，还要关注生活逻辑，大学内部治理的制度设计要洞察民情，以满足生活人的发展需求为逻辑起点，实施柔性治理（罗志敏等，2019）。作为"象牙塔"里的教师群体，他们往往思想独立性强，不迷信权威，不会完全受经济利益驱使，更加偏好自主性较强的工作环境（李志峰和魏迪，2018）。因此，学校应增加对教师的人文关怀，营造温暖友好的学校氛围，促进教师和行政人员的相互尊重与相互信任，提高教师的归属感、幸福感和获得感。例如，学校在制定管理制度的时候多换位思考，多征求教师的意见，针对教师的疑问也要耐心解释，而不是一味地要求教师必须严格执行。

"行政部门不能光制定政策不解释，解释也是一项工作职责"（S07）。

"我就觉得学校管理不要太折腾，不要老是改制度，老师刚适应一样制度就改掉，这种情况真不太好，而且很多制度都是在很多老师不知道什么情况的时候，直接就发出来"（S11）。

本研究调查发现，工作年限6~10年的教师建言行为显著少于其他工作年限的教师，本科及以下学历的教师（主要是一些老教师）的建言行为显著高于硕士研究生学历的教师。这可能与该群体既没有像新教师这样被学校高度关注，又缺乏老教师的资历和权威性，更容易处于边缘地位有关。因此，高校尤其要关注这一部分群体，要提高他们对学校的情感认同，重新激发他们的工作活力和热情。

（三）从单向控制到沟通开放的领导风格转变

治理文化既是治理对象也是治理工具。行政领导是学校文化的重要引领者，行政领导和教师的关系质量直接影响了教师建言的积极性。除了学校层面的制度和氛围建设，行政领导自身应转变行政人员与教师冲突对立的固有观念，增加对教师的尊重和信任，主动与教师沟通，认可包容教师，与教师优势互补，共同提高学校的治理水平，实现共同的治理目标。

1. 真诚听取

本研究调查发现，大部分教师主要向二级学院领导建言，只有校领导下基层调研主动征求意见的情况下，普通教师才会向校领导建言。教师们希望行政领导下基层调研不要搞形式主义，而是真诚听取意见和建议。教师建言行为受到个人价值观或信念的影响。人跟人之间的交往贵在真诚，行政领导的姿态会影响教师对建言行为的价值判断。长期以来，高校内部过于行政化，民主治理流于形式，行政领导征求意见也给教师们形成了"形式主义"的刻板印象。很多时候一些草案讨论稿只是拿出来讨论，正式发文还是老样子，听取教师的意见只是一项程序化工作，教师的时间价值和劳动价值都没有得到应有的尊重。如果行政领导说一套做一套，只是形式上完成征集意见任务，那么这种不尊重教师的行为会遏制教师建言的行为动力，引发教师对行政领导征求意见建议行为的心理排斥。

与行政领导相比，教师不仅在学术事务上具有专业优势，而且他们还是学校各项改革的具体实践者。教师更加了解一线实际情况，他们所反馈的问题暴露了学校政策制度的实践偏差，尤其是如果较多的教师反映同一个问题，往往说明学校治理中可能存在问题，行政领导必须引起重视。因此，行政领导要转变传统的观念，认识教师建言的价值，从内心认可、尊重教师，"放低"姿态，诚心听取意见。

"领导要积极关注习近平总书记的讲话精神，下基层，积极去谛听。因为你坐在办公室里那有点高高在上，老百姓可能不愿意说话"（S08）。

"我觉得要尊重老师们的建议，因为老师们真的是在一线操作的，他们其实懂得也不少，我觉得很多时候管理者应该要多倾听他们的意见，多根据他们的意见去修改，或者说坐下来。如果有三五个老师同时反映一个问题，基本上就是属于管理上肯定是存在问题的"（S12）。

2. 及时反馈

本研究调查发现，教师们很在乎行政领导的及时反馈。不论意见采纳与否，意见及时反馈都会增强教师对行政领导的信任，至少也会让教师感知到被尊重。

教师建言需要教师和行政人员之间的双向沟通。教师向行政部门提出建议，而收到建议的行政部门可能会推迟采纳这些建议，或者根本不执行这些建议。教师花费数小时审核文件，并向行政部门提交建议，但不能保证付出的努力会得到反应、认可或补偿（Johnson A L et al.，2017）。除了学校层面建立和完善意见反馈机制以外，行政领导自身也要贯彻落实反馈机制，而不是让制度成为摆设，说一套做一套。不反馈的教师民主参与只不过是形式上的"假参与"（魏叶美，2018）。大学内部共同治理需要协商民主，即"商量着办事"，这就要求治理过程中除了听取不同的意见外，还要通过协商来理顺不同的情绪（章宁等，2018）。访谈中发现，相比冰冷的治理制度赋予的机会和渠道，教师们更希望得到行政领导最起码的"尊重"，及时反馈的缺失会影响行政领导在教师心目中的公信力，引发教师的愤怒和失望情绪，导致他们后续不再愿意参与学校治理工作。

作为双向沟通的一部分，信任和透明度是教师参与治理的核心，能缓解教师和行政人员之间的冲突。尽管教师和行政人员之间的伙伴关系对共同治理至关重要，但这也是一种脆弱的伙伴关系，其特点是缺乏和谐与大量的不信任（Favero M D & Bray N，2005）。信任的建立不是一朝一夕的事，只有双方相互尊重、及时沟通才能形成良性循环。因此，行政领导平时自己要做好榜样，以身示范，公平公正，及时反馈教师们的意见建议，客观吸收有利于学校整体发展的合理建议，才能树立行政领导在教师心目中的形象。

"你要对我的建言做鉴别，我到底说这是为了个人利益还是普遍的情况。因为每个人提意见好多是从自己的角度上出发的，但是如果说你问了20个人，都是提了这个问题，那就是制度的问题了"（S01）。

"建言有没有用，关键还是领导层要有清晰的判断力。坦率地说，教师建言有的是出于公心，有的也难免有私心，如何辨别非常重要。这个时候我想也不能因为有的建言被判定为错误，而打消了对于建言制度设计的积极性"（S03）。

3. 主动宣传

本研究调查发现，一些教师缺乏参与治理的意识，对参与治理的权利和责任感知较少。一方面,教师们感知发言有风险,认为"沉默是金",多一事不如少一事;另一方面,教师们也有让别人去说、去承担风险,自己"搭便车"的私心。

共同治理是教师和行政人员的共同责任,教师有责任将学校问题作为优先事项,有准备、知情地来到谈判桌前,并承认必须作出决定的时间框架,行政人员也有责任创造良好治理运作的环境(Eckel P D,1999)。学校治理需要教师和行政人员的双向沟通,占有资源优势的行政人员应该基于互利的原则,采用多元、灵活的方式主动发起互动,加深教师与行政人员的情感强度(向东春,2020)。如果行政人员没有以对教师有意义的方式提出建议,不能强调手头任务的重要性,没有利用教师建言的合法途径,没有利用教师的优势,共同治理就不能很好地发挥作用。本研究调查发现,虽然学校提供了不少建言的制度化渠道,然而现实中对于涉及个人利益的相关问题,教师们更习惯于借助各种非正式的渠道私下建言,不敢也不愿意在公开场合建言。因此,行政领导要主动宣传,减少教师建言的风险顾虑,提高教师参与治理的权力意识和责任意识,帮助教师合理合法行使自己的参与治理权力,独立、自主地承担参与治理的责任。

主动宣传不仅是告之教师参与治理的权力和责任,也是分享教师参与治理的信息,正如菲什(Fish S,2007)所言,共同治理其实就是分享信息,与教师分享信息,邀请教师发表意见,他们就乐于把治理交给行政人员。虽然教师参与治理的价值存在争议,但是聊胜于无,表现平庸未必就是赘余(阎光才,2017)。教师参与治理的过程有利于营造学校管理的秩序感和程序公平性。共治是大学学术文化的象征,利益相关者参与的过程比决策结果更为重要(张红峰,2018)。行政领导主动宣传能打破教师和行政人员之间的信息与资源壁垒,提高学校的决策质量。在正式制度和方案出台前,行政领导要主动与教师展开交流互动。虽然学校事务繁杂,大多数教师也无暇顾及所有事项,但是,哪怕少数人反馈也有助于制度的完善和顺畅实施。

"学校层面要多宣传,让老师不要有所顾虑"(S08)。

"学校很多政策制度我们都不知道，只有我们自己主动去了解，那就更谈不上去提建议了"（S07）。

"我们现在包括在分院的管理层的老师，可能更多地是比较沉默的接受，我们也是不希望的，所以我们慢慢在鼓励老师开口，鼓励老师一起来把团队建设好，这是你自己的团队，或者这是你自己的分院，会有这种感觉"（S12）。

4. 认可包容

高校教师作为高级知识分子，比较排斥权力压迫。教师的主要兴趣是对自己工作的自主权或控制权，被教师视为阻碍其调查、言论或教学自由的行政人员行为都可能会遭到他们强烈反对，无论这种决定可能对集体利益产生何种积极影响（Favero M D & Bray N，2005）。现实中不少行政领导专业能力不强，"外行"领导"内行"，将教师视为完成他们设定的任务的"工具人"，不允许教师表达不同的意见。本研究调查发现，在一些征求意见的座谈会上，行政领导强制要求每一位教师发言，让一些教师不知所措，挖空心思没话找话。毕竟不同教师参与治理能力不同，对同一议题的兴趣也存在差异。行政领导应充分理解教师的立场和偏好，发自内心地认可和包容，行政领导海纳百川的胸怀能促进双方的相互信任和相互尊重。

行政领导对教师贡献的认可和支持有助于激发教师的工作士气，提高教师对学校工作的满意度（Watt H M & Richardso P W，2020）。建言往往需要教师付出额外的时间精力做前期思考和资料准备。不管教师处于什么身份级别，只要他们关心学校，主动为学校发展出谋划策、贡献智慧，行政领导都应以开放的心态包容接纳他们，理解他们的立场，认可他们的付出。本研究调查发现，本科及以下学历的教师感知到的行政领导沟通开放性程度显著大于硕士研究生学历的教师和博士研究生学历的教师，初级职称的教师感知到的行政领导沟通开放性程度显著大于副高职称的教师和正高职称的教师。这可能与行政领导更关注、包容年轻教师和老教师有关系。中青年教师在高校所占比例较大，也更容易对学校产生冷漠或抵触情绪，更容易产生职业倦怠。行政领导应多认可包容这个群体，理解他们的难处，多些尊重和信任，让他们从内心信服而不是被迫服从。

"对于知识分子阶层不能用行政权力来压他，必须让他服气，必须真才实学去让他服气。老师这个职业还是不一样的，不是计件工，大家都是有思想、有灵魂、有头脑的人。他不服你，你压是没用的，而且更麻烦了"（S06）。

"当一个老师向校长建言的时候，哪怕是非正式场合，肯定能引起校长足够的重视。因为一个老师敢于挑战上级、敢于去跟他讲，这个就是一种权威，那就说明这个事情是真的，而且有必要向校长去建言"（S09）。

四、本章小结

影响教师建言行为的因素涉及多个层面，既有学校制度环境层面，也有行政领导层面，还有教师个人层面。本章主要从优化学校管理的角度，回应高校办学实践中教师参与治理的现实困境，为提高教师建言行为的积极性提出相应激励策略。

首先，本章对调查问卷主观题"您认为有哪些措施可以提高教师参与治理的积极性？"的文本内容进行了统计分析。收集到的 245 条有效建议可以分为七大主题，即"制度设计""行政领导""学校氛围""人文关怀""参与治理能力""教师待遇""工作负担"，其中"制度设计"所占比例最高，"行政领导"所占比例次之，"工作负担"所占比例最少。

其次，本章基于前面两章的实证分析结果，结合访谈和参与式观察认为，在学校内部治理中教师建言积极性不高的问题根源体现在学校的制度保障不力、行政领导的沟通开放性不够、教师的公共责任意识不强和教师的参与治理能力不足这几个方面。

最后，本章结合访谈和参与式观察重点从优化制度设计、加强学校氛围引导、提高行政领导沟通开放性三个方面进行了激励策略分析。本章认为，制度设计主要是从技术层面为教师参与治理提供基本保障，重在对治理结构和运行机制的优化。学校应借助信息化工具丰富、完善意见反馈机制、奖励机制、责任落实机制和信息公开机制。软性的文化是对硬性的制度的有效补充。高校应构建公平公正、宽松自由、积极向上、友好温暖的学校氛围，缓解绩效问责给教师带来的工作压力。行政领导和教师的关系质量直接影响了教师建言行为的积极性。行政领导应转变行政人员与教师冲突对立的固有观念，减少形式主义，增加对教师的尊重和信任，提高沟通开放性，努力做到真诚听取、及时反馈、主动宣传和认可包容。

第七章

研究结论与展望

　　基于前面六章关于教师建言行为现状及其影响因素的理论分析、实证检验和激励策略探析，本章将从整体层面回顾和讨论研究的主要结论、提炼研究的贡献、反思研究存在的局限性，并提出未来研究的方向和设想。

一、结论与讨论

（一）主要结论

共同治理是大学治理现代化的发展趋势，需要教师这一核心利益相关者的有效参与。高校教师建言行为是教师参与治理的一种行为表现。本研究在计划行为理论的框架下，利用浙江省 Z 校的小样本访谈获得教师建言行为的主要影响因素。在传统计划行为理论五个核心变量的基础上，本研究增加了影响行为态度变量的感知风险和感知成就两个变量，构建了教师建言行为影响因素的结构路径假设模型。为进一步了解教师建言行为的主要控制因素及其影响效应，本研究还将知觉行为控制三个维度作为自变量，构建了知觉行为控制对教师建言行为的影响机制假设模型。结合访谈分析结果，借鉴参考已有问卷和量表工具，本研究设计和修订了调查问卷，选择浙江省和川渝地区分别作为东部和中西部代表实施问卷调查，利用描述性统计分析和结构方程模型，分析了教师建言行为及其影响因素的现状，检验和修正了理论模型，利用 QCA 从组态视角探索多元因果关系，分析了高校教师建言行为和行为意向的多元促发条件。本研究还归纳分析了调查问卷中教师们所提的建议，结合实证检验结果、QCA 组态分析结果、访谈分析和参与式观察，提出促进教师建言的激励策略。本研究的主要结论可以概括为以下几个方面。

（1）高校教师建言的积极性、主动性和能动性不高。第一，高校教师建言的内容和渠道有限。教师对五个方面学校事务的实际建言均少于期望建言，相对而言，对学术性事务的期望建言和实际建言较多，对管理性事务的期望建言和实际建言较少。教师主要通过公开的、和工作紧密相关的、程序性的渠道建言，相对保守和被动。教师的建言对象首先是二级学院领导，其次是职能部门领导，直接向校领导建言的极少。

第二，教师建言的行为动力不足，行为意向不高，实际行为更少。教师对建言行为感知成就的程度不高，对建言行为持积极态度的不多。与行为态度和主观规范相比，教师对建言行为的知觉行为控制程度非常低。通过对知觉行为控制三个维度的进一步分析发现，参与治理能力不高、时间压力较大、行政领导沟通开放性程度较低。教师对自我参与治理能力的自信程度不足，对时间资源和行政领导的合作行为的可控性亦不足。

第三，教师建言行为意向在学校类型上存在显著差异，教师建言行为在性别、工作年限和学历等方面存在显著差异。"双一流"大学教师建言行为意向显著大于高职、高专院校教师，男教师具有更多的建言行为，工作年限在 6～10 年的教师建言行为显著少于其他工作年限的教师，本科及以下学历的教师建言行为显著高于硕士研究生学历的教师。

第四，教师建言行为的行为态度、主观规范和知觉行为控制分别在学校类型、工作年限和学历上存在显著差异，时间压力在学校类型和学历上存在显著差异，行政领导沟通开放性在职称、工作年限和学历上存在显著差异。本科院校（"双一流"大学和一般本科院校）教师建言的行为态度显著比高职高专院校教师积极；工作年限在 5 年及以下的教师建言的主观规范显著高于工作年限在 11～20 年和工作年限在 21 年以上的教师；本科及以下学历的教师建言的知觉行为控制程度显著高于硕士研究生学历的教师和博士研究生学历的教师；本科院校（"双一流"大学和一般本科院校）教师感知的时间压力显著大于高职高专院校，本科及以下学历的教师感知到的时间压力显著小于硕士研究生学历的教师和博士研究生学历的教师；初级职称的教师感知到的行政领导沟通开放性程度显著大于副高职称的教师和正高职称的教师，工作年限在 5 年及以下的教师感知到的行政领导沟通开放性程度显著高于其他教师，本科及以下学历的教师感知到的行政领导沟通开放性程度显著大于硕士研究生学历的教师和博士研究生学历的教师。

（2）高校教师建言行为主要受感知成就、主观规范、参与治理能力和行政领导沟通开放性的影响。第一，行为态度、主观规范和知觉行为控制对行为意向都具有显著正向直接影响效应，其中行为态度对行为意向的影响效应最大。感知成就对行为态度具有显著正向影响，感知风险对行为态度没有显著影响。教师建言行为态度并不是风险规避型，而是成就驱动型。本研究所指的成就除了保障个人权益，还有促进学校发展。不少高校教师的建言行为属于典型的个人利益驱动下的"防卫性参与"，即只有当某项制度或决定损害到自己利益时他们才会选择去发声。对建言行为的低价值判断和情感冷漠，这也在一定程度上解释了为何学校提供了建言渠道，很多教师依然选择了沉默，主动放弃了参与治理的权力和机会。

第二，主观规范对行为态度具有较大的影响，可以通过行为态度对行为意向产生间接影响，还可以直接影响行为。教师建言既有主动参与也有被动参与，在教代会等场合中，教师可能并不想参与，迫于行政领导"点名"或职责使命要求等，以被动的形式建言。也有少部分教师出于公共责任感，主动建言。总体来看，教师对建言行为的主观规范程度不高，即受到来自重要他人对其建言的压力和自身对建言的责任感知并不高。

第三，参与治理能力和行政领导沟通开放性影响了教师建言的实际行为。时间压力对行为意向具有微弱正向影响，对行为不具有显著影响。在行为意向的产生阶段，参与治理能力的影响效应最大，在实际行为的发生阶段，行政领导沟通开放性的影响效应最大。行政领导沟通开放性不足成为教师建言行为的最大制约因素。

第四，建言行为意向和行为都具有多重并发条件。建言行为意向具有三种促发模式；建言行为也具有三大促发模式，共五种子模式。建言行为意向和知觉行为控制（包括参与治理能力和行政领导沟通开放性）共同发力是最常规的行为促发条件，行为态度、主观规范和知觉行为控制共同发力也是最常规的行为意向促发条件。在行为意向阶段，积极的行为态度和较高程度的感知成是促发教师建言行为意向的核心条件，行政领导沟通开放性和参与治理能力可以相互弥补。在实际行为阶段，建言行为意向对行为的驱动需要具备感知成就或行政领导沟通开放性这两大核心条件，而感知成就和行政领导沟通开放性都可以作为单独的核心条件直接促发建言行为。个体层面的感知成就和结构层面的行政领导沟通开放性具有相互弥补的关系，当感知成就足够强或行政领导沟通开放性足够渗透时，缺失另一条件也可以促进教师的建言行为。

（3）行政领导和教师的关系质量直接影响了教师建言行为的积极性。

高校教师建言不仅需要制度设计和氛围建设，更需要提高行政领导沟通开放性，形成相互尊重、相互信任的治理文化。

第一，教师们建议学校完善教师参与治理的体制机制，给予教师更多的学习机会。教师们希望行政领导减少形式主义、多听取意见、及时反馈意见、放权、对教师多些认可和包容，希望学校能给予更多的人文关怀，提高他们的归属感、幸福感、认同感、自主性和对建言的自信心。

第二，教师在学校内部治理中建言行为积极性不高的问题根源体现在学校的制度保障不力、行政领导的沟通开放性不够、教师的公共责任意识不强和教师的参与治理能力不足这几个方面。相比刚性的治理结构，行政领导的沟通开放性等软性治理文化是促发和维持教师建言行为的主要因素。教师建言行为受到成就驱动，往往带有一定的自利性，缺乏公共责任意识，一些教师甚至存在"搭便车"心态。

第三，学校可从优化制度设计、加强学校氛围引导、提高行政领导沟通开放性三个方面，引导教师合法、合理、合情的建言行为。借助信息化工具丰富面向大多数普通教师的非正式组织渠道，完善意见反馈机制、奖励机制、责任落实机制和信息公开机制；构建公平公正、宽松自由、积极向上、友好温暖的学校氛围，缓解绩效问责给教师带来的工作压力。行政领导应转变行政人员与教师冲突对立的固有观念，减少形式主义，增加对教师的尊重和信任，提高沟通开放性，努力做到真诚听取、及时反馈、主动宣传和认可包容。

（二）思考与讨论

1. 教师建言效能与教师建言的存在价值

尽管国内外学界对共同治理、教师参与治理的价值存有争议，不少国内学者表达了对教师参与治理的理想期许和对现实的无奈。本研究认为，虽然教师参与治理的成效目前可能并不明显，教师参与治理的价值也跟教师参与的内容和程度有关系，但教师参与治理的过程也很重要。让教师愿意参与、有机会参与确实是稳定一所学校办学秩序、完善和有效实施学校相关制度、提高学校内部治理水平的基本条件。教师建言是教师参与治理的一种具体行为表现。作为表达教师个人想法、体现教师主体性的参与治理方式，教师建言也是落实学校民主管理的内在要求，有其存在的必要性。当前教师建言行为不积极可能与教师建言在目前高校办学中的效能不佳有很大的关系，但是即便效能不佳我们也不应否定教师建言本身的存在价值。访谈中也发现，不少教师都非常认可教师建言对学校落实民主管理、提高大学内部治理水平的意义，但在实践中对自己的建言行为预期成效并不乐观，缺乏足够的建言行为动力。正如阎光才教授（2017）所言，理念层面上的民主与践行意义上的民主存在差距，教师参与治理可能会流于形式，但"它的存在，可能不被人注意和认可，但是一旦没有了它，教师的权益甚至大学内部的学术自主与自由等价值与理念都可能面临威胁"。

2. 教师建言行为与治理体系

大学的共同治理强调分权和去中心化，需要教师这一核心利益相关者的有效参与。教师参与治理问题是一个涉及体制机制、权力结构、制度文化等多方面的复杂问题。一方面，作为内部治理问题，对教师参与治理问题进行分析必然离不开外部的宏观政策环境。目前我国已基本确立了"党委领导、校长负责、教授治学、民主管理"的大学治理结构。大学的内部治理与国家的教育治理体系存在紧密的关系，脱离外部体制框架分析大学的内部治理问题，正如阎光才教（2017）授谦逊地表示充其量也就是"螺蛳壳里做道场"。另一方面，大学是个底层厚重的组织，除了长期以来的行政人员和教师的矛盾与冲突，教师内部也存在分层。学术权力主要集中在少数教授等学术精英群体，普通教师虽在高校教师群体中占据很大比例，然而他们往往只享有民主权力，而且这种民主权力在大学行政化的质疑声中显得很无力。正如有学者所言，普通教师在权力、收入和声望三方面均无优势，教师参与治理更多是为自己发声，但利益需求的多元化使他们难以形成团结一致的声音（陆韵，2018）。本研究基于国内高校的现实情境，旨在从更加理想化的立场出发，以提出优化学校管理的对策为落脚点，将研究视角转向行动中的个体，聚焦于建言行为这一相对具体的参与治理行为，从教师的主体立场解析为什么明明有渠道，大多数教师还是选择沉默而非建言，以期从学校层面提出促进教师积极建言、提高建言效能，进而助推共同治理的对策建议。

转向大学内部治理体系创新是高等教育治理体系现代化的紧要议程（眭依凡，2020）。大学内部治理中的教师建言不只是让教师有发言权而已，而是要真正提高建言这种参与治理行为的效能。当前教师建言的效能不佳、教师参与治理形式化的问题，在一定程度上反映了当前高校内部治理中的治理结构、相关制度和机制方面的设计和运行还存在欠缺与不足之处，未能有效发挥教师建言渠道对学校治理的应有价值。周光礼等（2020）基于 2015～2019 年大学治理实证研究论文的分析，认为中国的大学治理研究充满理论思辨传统，偏爱宏大叙事，近几年实证研究占比有所提升，但规范性的实证研究仍然极少。李思思等（2022）实证研究发现，大学教师的学术权力感知并不能直接促发其建言行为，教师能否有效参与大学治理，能否将对学校的情感转化为实际建言行为，不仅需要较高程度的学术权力感知，还需要组织层面较高水平的仁权规范。本研究基于教师建言行为影响因素的理论研究和实证分析，研究结果可为研究教师参与治理的相关制度提供新的分析视角和实证支持，如提高感知成就需要完善奖励机制、提高主观规范需要完善责任落实机制、提高行政领导沟通开放性需要完善意见反馈机制等；本研究在对问卷调查中教师建议和诉求的分析也发现，"制度设计"所占比例最高，包括参与渠道的制度化、奖励机制、意见反馈机制等。可见，优化治理结构、完善体制机制是促进高校教师有效建言的前提。

3. 教师建言行为与治理文化

大学治理中的教师建言行为不仅仅在于学校是否通过治理结构赋予教师建言的渠道，还涉及教师是否愿意以及是否有能力参与，受到个人私利、学校氛围、个人情感和时间精力等多方面因素的影响。本研究综合考虑治理结构、治理文化和个人治理能力等对教师建言行为的影响。研究结论表明，感知成就（个人利益为主）和行政领导沟通开放性是非常重要的驱动因素，两者存在相互弥补的关系。目前针对高校教师建言行为的实证研究极少，黄玲等（2018）理论分析认为在非强制选择情景下，渴望成功倾向与高校教师建言行为正相关，避免失败倾向的个体对建言表现出回避和冷漠的态度；在强制性选择情景下，避免失败倾向的个体也会产生高质量的建言行为。本研究结论在一定程度上也支持了这一观点，除了成就驱动，行政领导沟通开放性这一情境因素的干预和引导非常重要，尤其是行政领导的主动征言能够创造一种强制性选择情景，是让教师从冷漠转向建言的关键因素。高校教师职业具有"双重属性"，作为典型的知识型群体，高校教师既从属于所任职的学校，又从属于所隶属的学科专业（李志峰和魏迪，2018）。他们并非完全受个人经济利益驱动，也会希望学校，尤其是自己所属的学科专业能更好地发展。行政领导沟通开放性作为外部情境因素，能够发挥情感激励的作用，增强教师的公共责任意识，联结教师建言行为意向和行为之间的断层，促发教师的建言行为。

共同治理是大学治理的一种理想状态。"治理"作为大学的一种内生品质，在不断的历史演进中开始趋向共同治理模式，要实现真正的治理必须进行理念创新，治理结构变化是一个必要条件，塑造新型治理文化才是治理真正要达到的目的（王洪才，2016）。顾建民等（2011）基于美国大学共同治理的经验，认为大学治理结构与有效治理并不是简单的线性关系，改造治理结构未必就会产生预期效果，大学的有效治理必须超越治理结构，重视组织文化建设、领导力提升等非结构因素。本研究结论也支持了这一观点，大学治理不仅需要建立完善的治理结构，更需要通过建立以信任为基础的组织文化，完善沟通协商机制，促进治理结构的有效运转，实现有效治理。大学治理问题不只是治理结构的问题，更是治理文化的问题。正如李立国（2016）所言，大学治理实践受到情、理、法多种因素的制约，不一定会完全遵照正式制度的规定去执行，相对抽象的合法性制度规定，情和理更加具体和鲜活，有时候比合法性更有力量。治理问题归根结底是人与人的关系，不同主体通过沟通实现各自利益的平衡。作为教师参与治理的一种行为表现，教师建言行为本质上就是一种教师与行政人员之间的沟通行为。治理文化的建设首先需要行政领导者转变治理理念和管理风格，从内心尊重教师、制定科学合理的制度，以理服人、以情动人。本研究结论有利于后续研究更加关注治理文化建设，尤其是行政领导沟通开放性这种情境因素。

4. 教师建言行为与中国知识分子特点

知识分子是我国的一个特殊阶层，历来是中国社会政治生活的重要参与主体。受到"天下兴亡，匹夫有责""先天下之忧而忧"的传统观念影响，当代知识分子具有较强的社会责任感和民主参与意识，对理想、信念等有较强的认知能力，对审美感、正义感、道德感等心理活动较为敏感，相对其他群体，更愿意参与政治，同时对政治问题也比较慎重（何鑫鑫，2009）。2016年4月26日，习近平总书记在知识分子、劳动模范、青年代表座谈会上的讲话中指出："天下为公、担当道义是广大知识分子应有的情怀。我国知识分子历来有浓厚的家国情怀，有强烈的社会责任感。'修身齐家治国平天下''为天地立心、为生民立命、为往圣继绝学、为万世开太平''先天下之忧而忧，后天下之乐而乐'，这些思想为一代又一代知识分子所尊崇。现在，党和人民更加需要广大知识分子发扬这样的担当精神。"[①] 新时代中国知识分子精神的主要内涵体现在"使命意识、家国情怀、社会担当、批判精神、求真精神"（宋俭，2020）。本研究发现，教师作为高级知识分子，思想独立，具有的较强的使命感和责任感，相比行政领导期望和同事参照等他人规范，岗位职责、知识分子使命等自我规范水平较高。教师们比较抵触行政领导的"高高在上"，相对物质激励，他们更在乎获得"尊重"而不是被迫"服从"。

作为具有较强批判意识和求真精神的知识分子，现实中往往都是既乐观又无奈。正如汤一介（2010）所言，"中国知识分子具有最高境界的人（先圣先贤）总是乐观的，同时又是悲观的。就其孜孜不倦的追求说，必

须是充满信心的、乐观的；就其追求的目标是'知其不可而为之'的理想说，又只能是无可奈何的、悲观的。现实到理想也许永远存在着一条不可逾越的鸿沟"。本研究发现，面对理想和现实的差距，为了避免得罪行政领导，不少教师存在"多一事不如少一事"的自我防范心理，但还是有那么一些教师，尽管对建言行为的预期成效不高，仍然持有"该说还是要说"的知识分子行为态度。

二、研究贡献

（一）研究视角

目前，国内外对大学治理的相关研究对教师参与治理存在的问题和困境的分析主要从治理结构、政策制度等视角展开，认为不合理的治理结构和机制导致了高校教师参与治理意愿不强、参与成效不佳，而忽略了人的主体性以及人的行为的能动性和复杂性。本研究将研究视角转向教师个体的行为，从教师主体立场分析其参与治理行为（建言行为）的影响因素。挖掘教师行为背后的影响因素，尤其是对行政人员的沟通开放性等组织情境因素对教师建言行为的作用分析，可以提出更有针对性的激励策略。

教师建言行为受到内外部多重因素的影响。大学治理中的教师建言行为不仅仅在于学校是否通过治理结构赋予教师参与的渠道，还涉及教师是否愿意以及是否有能力参与，受到个人私利、学校氛围、个人情感、时间精力等多方面因素的影响。本研究借鉴社会心理学的计划行为理论，对相关影响因素进行了系统性的分析和验证，为研究教师建言行为提供了一种整合性的视角。相对而言，目前应用计划行为理论预测行为意向和行为的研究较多，极少从管理干预视角进行分析和应用。本研究的落脚点是从学校管理的角度提出激励策略。计划行为理论不仅为本研究提供了分析框架，还有助于发现影响教师建言行为积极性的核心因素，为实施管理干预提供了思路启迪。

（二）研究内容

第一，结合高校组织特性和高校教师特点建立理论模型，拓展了传统计划行为理论。本研究基于小样本的访谈分析，在传统计划行为理论五个核心变量的基础上，增加了影响行为态度变量的感知风险和感知成就两个变量，增列了主观规范到行为态度、知觉行为控制到行为态度的路径，构建了教师建言行为影响因素的结构路径假设模型。为进一步了解教师建言行为的主要控制因素及其影响效应，以期提高研究的实践应用性，本研究还将知觉行为控制三个维度作为自变量，构建了知觉行为控制对教师建言行为的影响机制假设模型。

第二，开发了高校教师建言行为相关量表，提高了研究的适用性和应用性。本研究在小样本访谈的基础上，借鉴教师参与治理相关文献、计划行为理论相关研究自编了测量表。目前，计划行为理论相关研究对态度变量的测量既有直接测量也有基于行为结果信念的间接测量。直接测量具有通用性，难以反映特定行为态度背后的驱动因素。本研究基于访谈结果，参考相关研究对行为态度采用直接测量，将行为信念（感知风险和感知成就）作为前因变量纳入计划行为理论模型。不同于一些研究对知觉行为控制的总体性难易度测量，本研究用访谈获得的次隶属作为控制因素，构建了知觉行为控制的三维度量表（参与治理能力、时间压力和行政领导沟通开放性），并将这三个维度分别作为潜变量进行了统计分析。本研究编制的这些子量表对后续研究具有一定的参考价值。

第三，增加了教师建议的统计分析，提高了激励策略的科学性和合理性。本研究在调查问卷中设置了一道开放式主观题——"您认为有哪些措施可以提高教师参与治理的积极性？"作为获取教师对参与治理的建议的补充信息。在教师建言行为影响因素的实证检验和组态分析的基础上，本研究归纳分析了调查问卷中教师们所提的建议，以期更全面地了解教师群体的诉求。结合访谈和参与式观察，对高校教师建言行为的核心影响因素进行多重验证，有助于寻找教师建言行为积极性不高的问题根源和管理层面的突破向度，更好地回应高校办学实践中教师参与治理的现实困境。

（三）研究方法

目前，国内外关于教师参与治理的研究以思辨研究和定量的描述性分析为主，缺乏基于案例剖析的质性研究和多变量模型的定量实证研究。本研究采用量化、质性及定性比较分析相结合的研究方法和手段，以计划行为理论为分析框架，利用浙江省 Z 校的小样本访谈获得教师建言行为的主要影响因素。结合访谈分析结果，本研究设计开发了教师参与治理行为问卷，利用描述性统计分析、结构方程模型分析变量间的具体路径，检验和修正理论模型，利用 QCA 从组态视角分析了高校教师建言行为的多重并发因果路径，提高了对高校教师建言行为这一复杂问题的情境解释力，在对实证研究结果解释和激励策略分析方面也综合运用了参与式观察、访谈、问卷文本归纳等方法。

研究者长期在高校从事管理和研究工作，并作为校学术委员会秘书参与观察多次现场会议，也作为各类代表参与多次座谈会。本研究问题源自研究者在实践中的困惑和思考，行动研究始终贯穿于研究的全过程。对所在学校 Z 校的参与式观察和访谈，为本研究提供了行动和反思，鲜活的案例素材生动直观地展示了教师建言行为的现实样态。

三、研究局限与展望

共同治理是高校落实民主管理、提高治理能力的内在要求，然而现实中教师参与治理的积极性、能动性都不高，不少教师甚至主动放弃参与治理的权力，在高校内部治理过程中教师建言行为的积极性不高。本研究通过对浙江省 Z 校的参与式观察和小样本访谈，以及对浙江省和川渝地区高校教师的问卷调查，分析了影响教师建言行为的主要因素，并提出了相应的激励策略。由于客观条件和研究者时间精力、能力水平的限制，本研究仍存在一些不足之处,有待后续深入研究。

第一,样本的选择方面。由于本研究是基于个人力量开展的访谈和问卷调查,没有依托专业调查机构和平台收集数据,在样本的选择方面存在一定的局限性。选择浙江 Z 校作为小样本访谈对象,选择浙江省和川渝地区分别作为东部和中西部代表也是考虑到抽样的便利性与可行性。定量资料收集方式影响了数据的代表性。相比现场调查,网络调查虽然具有便利性,但受到答题者填答意愿的限制更大。考虑"双一流"高校样本获取难度较大,本研究通过随机抽取部分"双一流"高校教师发放邮件的方式作为收集数据的补充手段,尽可能提高数据的代表性。本研究基于 509 份问卷的调查结果,虽然样本达到了统计分析要求,但不能概况全国的总体情况,也无法对各个地区进行比较分析。由于"问卷星"网络调查只能在网站后台查看答题者的 IP 地址,有些还无法正常显示,因此未能精确判断答题者所处的区域,无法进一步对浙江省和川渝地区进行区域差异性分析。本研究可作为探讨高校教师建言行为的一个参考案例,未来研究可委托第三方机构进行大规模全国性调查,进一步验证研究模型,提高本研究结果的普适性。在访谈案例的选择上,未来研究可考虑选择川渝的高校,与浙江省的案例学校进行区域比较分析。

第二,数据的获取方面。考虑疫情期间不便开展现场调查,本研究采用问卷星电子问卷实施调查,选择了不同学校类型的高校进行抽样调查。虽然本研究的问卷设计参考了大量文献资料,量表也都通过了信效度检验,但是本研究的研究对象是教师的个体行为,测量方式为教师主观作答,调查问卷的一些题项具有一定的敏感性,可能存在一定的社会称许性偏差,无法彻底避免一些教师对行政领导沟通行为等题项判断的风险顾虑,也无法彻底避免一些教师对自我的责任感和能力等题项的夸大效应。不同个体对同一问题的关注点有所差别,未来研究可考虑从不同角度、不同方法实施测量,如开展情景模拟实验法,给予教师更加明确具体的判断信息,提高问答的真实性;也可采用同事等他人评价的方式,多重验证,更加全面、客观地判断高校教师建言行为。受到研究者个人时间精力和能力的限制,本研究在访谈的深度和广度上还存在不足之处。虽然受访者均为研究者所在学校的同事，更容易轻松自如地交流，但是也难以避免他们出于个人安全保护，回避或隐瞒一些敏感信息。

第三，影响机制的深入研究方面。高校教师建言行为受到多个方面因素的影响。本研究以提出优化学校管理的对策为落脚点，主要从学校层面和行政领导层面关注影响教师建言行为的情境因素，未来研究可进一步关注中庸思维、面子、集体主义和高权力距离等中国文化对高校教师建言行为的影响。本研究对教师建言的具体内容关注较少，主要是验证了前人的参与治理内容分类，未来研究可进一步根据建言内容对建言行为进行分类，探讨不同类型建言行为的影响因素和影响机制。本研究以计划行为理论为分析框架，重点分析了知觉行为控制的构成要素，提炼了"参与治理能力""时间压力""行政领导沟通开放性"三个维度，编制了相应的量表，并将其作为三个潜变量进行了实证分析。研究发现"参与治理能力"和"行政领导沟通开放性"是教师建言行为的主要制约因素。未来研究可进一步寻找其他的中介变量或调节变量，如感知责任、符号身份等个人变量，组织氛围、组织文化等情境变量，具体分析行政领导沟通开放性对教师建言行为的影响机制或调节机制，从而更深入地认识和理解教师建言行为背后的情境影响，提出更全面的激励策略，提高教师参与治理研究的理论深度和实践广度。

参 考 文 献

[1] ［比］伯努瓦·里豪克斯，［美］查尔斯 C. 拉金. QCA 设计原理与应用［M］. 杜运周，李永发，等译. 北京：机械工业出版社，2017：7.

[2] ［美］杰弗里·A. 迈尔斯. 管理与组织研究必读的 40 个理论［M］. 徐世勇，李超平，译. 北京：北京大学出版社，2017：171，173，176.

[3] ［美］曼瑟尔·奥尔森. 集体行动的逻辑［M］. 陈郁，郭宇峰，李崇新，译. 上海：格致出版社，上海人民出版社，2014：2.

[4] ［美］斯蒂芬·罗宾斯，蒂莫西·贾奇. 组织行为学［M］. 孙健敏，王震，李原，译. 北京：中国人民大学出版社，2016：309.

[5] ［美］约翰·S. 布鲁贝克. 高等教育哲学［M］. 王承绪，郑继伟，张维平，等译. 杭州：浙江教育出版社，2001：31.

[6] 鲍俊逸. 未来的高等教育与高等教育的未来——基于技术理性与主体性的双重视角［J］. 江苏高教，2021（2）：20 - 27.

[7] 蔡连玉，李海霏. 我国高校内部治理历史变迁的脉络与主题分析（1949 ~ 2018）［J］. 重庆高教研究，2020，8（4）：91 - 101.

[8] 曾增. S 大学教师参与学校治理的现状研究［D］. 重庆：西南大学，2017.

[9] 陈洪捷，施晓光，蒋凯. 国外高等教育学基本文献讲读［M］. 北京：北京大学出版社，2014：257.

[10] 陈建兰. 角色对等视域下高职教师参与院校治理的问题探析［J］. 中国职业技术教育，2020（24）：73 - 77，92.

[11] 陈金圣，张晓明，谢凌凌. 大学学术权力的运行现状及教师体认——基于六所高校的调查分析［J］. 大学教育科学，2013（2）：68 - 76.

［12］陈美如．教师参与大学内部治理研究［D］．南昌：南昌大学，2017．

［13］陈廷柱．组织特性对编制高校发展战略规划的影响［J］．教育发展研究，2012，32（Z1）：44－48．

［14］陈文平，段锦云，田晓明．员工为什么不建言：基于中国文化视角的解析［J］．心理科学进展，2013，21（5）：905－913．

［15］陈向东，杨德全．组态视角下的教育研究新路径——质性比较分析（QCA）及在教育技术中的应用分析［J］．远程教育杂志，2020，38（1）：28－37．

［16］池慧．我国高校治理中的教师参与问题研究［D］．锦州：渤海大学，2014．

［17］邓新明．消费者为何喜欢"说一套、做一套"——消费者伦理购买"意向—行为"差距的影响因素［J］．心理学报，2014，46（7）：1014－1031．

［18］丁福兴．高校内部教育评价中的冲突归因及治理路径——以利益分析为解释框架［J］．教育发展研究，2014，34（1）：37－41．

［19］董向宇．我国大学"共同治理"模式构建的意义、困境与路径［J］．黑龙江教育（高教研究与评估），2019（5）：59－61．

［20］杜嫱，刘鑫桥．高校教师离职倾向及学术权力感知的作用——基于"2016年全国高校教师发展调查"的实证分析［J］．中国高教研究，2019（9）：48－53．

［21］杜运周，贾良定．组态视角与定性比较分析（QCA）：管理学研究的一条新道路［J］．管理世界，2017（6）：155－167．

［22］段锦云，凌斌．中国背景下员工建言行为结构及中庸思维对其的影响［J］．心理学报，2011，43（10）：1185－1197．

［23］段锦云，魏秋江．建言效能感结构及其在员工建言行为发生中的作用［J］．心理学报，2012，44（7）：972－985．

［24］段锦云，张晨，田晓明．员工建言行为的发生机制：来自领导的影响［J］．中国人力资源开发，2016（5）：16－26．

［25］段锦云，张晨，徐悦．员工建言行为的人口统计特征元分析［J］．心理科学进展，2016，24（10）：1568－1582．

［26］段锦云，张倩，黄彩云．建言角色认同及对员工建言行为的影响机制研究［J］．南开管理评论，2015，18（5）：65－74，150．

［27］段锦云，张倩．建言行为的认知影响因素、理论基础及发生机制［J］．心理科学进展，2012，20（1）：115－126．

［28］段俊霞．美国"CF"参与大学治理：现状、问题与走向［J］．高教探索，2016（2）：34－39．

［29］段文婷，江光荣．计划行为理论述评［J］．心理科学进展，2008（2）：315－320．

［30］樊改霞．赋权增能：为教师专业化发展铺平道路［N］．中国教育报，2018－09－04（9）．

［31］方志斌．组织气氛会影响员工建言行为吗？［J］．经济管理，2015，37（5）：160－170．

［32］冯捷．教师参与学校治理研究［D］．上海：华东师范大学，2019．

［33］付晓健．美国公立大学共同治理困境的研究［D］．石家庄：河北师范大学，2017．

［34］高永新，沈浩．教师参与现代大学治理的困境与变革［J］．现代教育管理，2016（3）：8－14．

［35］顾建民，刘爱生．超越大学治理结构——关于大学实现有效治理的思考［J］．高等教育研究，2011，32（9）：25－29．

［36］顾建民．大学内部治理创新从何处发力［J］．探索与争鸣，2018（6）：37－39．

［37］顾建民．大学治理模式及其形成机理［M］．杭州：浙江大学出版社，2017．

［38］郭卉．如何增进教师参与大学治理——基于协商民主理论的探索［J］．高等教育研究，2012，33（12）：26－32．

［39］郭娇，徐祯．高校教师参与治理的意愿及行为分析［J］．中国

高教研究, 2018 (6): 62 - 68, 76.

[40] 郭赟. 消费者绿色消费"意向—行为"差距现象及成因探索 [J]. 商业经济研究, 2019 (7): 43 - 46.

[41] 郝凯冰, 郭菊娥. 基于计划行为理论的研究生学术不端行为研究——以西安三所学科分布不同的大学为例 [J]. 科学与社会, 2020, 10 (4): 113 - 129.

[42] 何鑫鑫. 中国知识分子政治参与的形式和特点 [J]. 法制与社会, 2009 (20): 351 - 352.

[43] 何一清, 孙颖. 辱虐型指导方式对研究生建言行为的影响研究——心理资本和导师—学生交换关系的双重中介作用 [J]. 高教探索, 2018 (9): 92 - 98.

[44] 侯玉雪, 杨烁, 赵树贤. 学校治理背景下教师参与学校管理的困境及对策研究 [J]. 教育理论与实践, 2019, 39 (13): 29 - 32.

[45] 胡恩华, 等. 工会实践能促进员工建言吗?——计划行为理论的视角 [J]. 外国经济与管理, 2019, 41 (5): 88 - 100.

[46] 胡娟. 从学者治理、学校治理到学术治理——高等教育普及化时代的研究型大学治理 [J]. 复旦教育论坛, 2021, 19 (1): 38 - 44.

[47] 黄玲, 马贵梅, 吕英娜. 成就动机对高校教师建言行为的影响机制及对策研究 [J]. 东华大学学报 (社会科学版), 2018, 18 (3): 146 - 150.

[48] 黄艳霞. 理想与现实的差异: 教师在美国大学战略规划中的作用 [J]. 高等农业教育, 2014 (7): 112 - 115.

[49] 季卫兵. 高校教师诉求表达的偏离及其超越 [J]. 高等农业教育, 2015 (4): 45 - 49.

[50] 贾建锋, 焦玉鑫, 闫佳祺. 伦理型领导对员工主动性行为的影响机制研究 [J]. 管理学报, 2020, 17 (9): 1327 - 1335.

[51] 江平, 李春玲. 教师参与学校治理的角色认知、行为选择与组织改进 [J]. 教学与管理, 2021 (15): 41 - 43.

[52] 井辉. 中国情境下的员工建言行为影响因素研究 [M]. 北京:

经济科学出版社，2017：100.

［53］李福华．大学治理与大学管理：概念辨析与边界确定［J］．北京师范大学学报（社会科学版），2008（4）：19-25.

［54］李福华．利益相关者理论与大学管理体制创新［J］．教育研究，2007（7）：36-39.

［55］李钢，卢艳强，滕树元．用户在线知识付费行为研究——基于计划行为理论［J］．图书馆学研究，2018（10）：49-60.

［56］李嘉，房俊东，陈明．高校公益教育对大学生公益行为意向影响研究——基于计划行为理论的实证分析［J］．高教探索，2019（4）：124-128.

［57］李立国．大学治理的转型与现代化［J］．大学教育科学，2016（1）：24-40，124.

［58］李立国．什么是好的大学治理：治理的"实然"与"应然"分析［J］．华东师范大学学报（教育科学版），2019，37（5）：1-16.

［59］李琳琳，黎万红，杜屏．大学教师参与学术管理的实证研究［J］．全球教育展望，2015，44（4）：61-69，35.

［60］李锐，凌文辁，柳士顺．上司不当督导对下属建言行为的影响及其作用机制［J］．心理学报，2009，41（12）：1189-1202.

［61］李思思，等．大学教师的学术权力感知何以促动建言行为？［J］．国家教育行政学院学报，2022（6）：54-64.

［62］李思思，李莎莎．治理视野下大学"科层—熟人"混合管理模式的透视及制度应对［J］．高教探索，2021（4）：41-47.

［63］李思瑶．大学本科生参与管理的意愿与行为研究［D］．武汉：华中师范大学，2019.

［64］李晓玉，等．差序式领导对员工建言行为的影响：组织承诺与内部人身份认知的多重中介效应［J］．心理与行为研究，2019，17（3）：408-414，432.

［65］李政．构建共治体系："双高"建设背景下高职院校治理水平提升的关键［J］．教育发展研究，2020，40（9）：56-62.

［66］李志峰，魏迪．高校教师流动的微观决策机制——基于"四力模型"的解释［J］．高等教育研究，2018，39（7）：39-45．

［67］梁建．道德领导与员工建言：一个调节—中介模型的构建与检验［J］．心理学报，2014，46（2）：252-264．

［68］廖湘阳．大学内部规则创建的规制空间与治理效能［J］．国家教育行政学院学报，2021（11）：28-35．

［69］林杰．大学教师的组织发展［J］．高校教育管理，2018，12（6）：90-97．

［70］刘爱生，金明飞．论大学的软治理［J］．北京教育（高教），2021（9）：35-39．

［71］刘爱生．美国大学教师与行政人员的人际关系研究［J］．高校教育管理，2017，11（3）：73-79．

［72］刘爱生．如何推进大学有效共同治理——基于大学教师公共精神的考量［J］．浙江师范大学学报（社会科学版），2020，45（1）：116-124．

［73］刘爱生．为什么我国大学教师不太愿意参与治校——基于组织公民行为理论的探讨［J］．高教探索，2020（2）：30-35．

［74］刘晨飞，顾建民．大学有效治理视角下的人际冲突及其调和［J］．江苏高教，2018（10）：53-57．

［75］刘恩允．利益相关者视角下大学管理制度的价值转换及其实现［J］．教育发展研究，2012，32（11）：42-46．

［76］刘芳．大学内部教学改革教师参与问题研究［D］．北京：北京工业大学，2018．

［77］刘金松，肖景蓉．教育治理的实践逻辑探讨［J］．教育学报，2021，17（2）：109-117．

［78］刘敏，余江龙，黄勇．感知被上级信任如何促进员工建言行为：心理安全感、自我效能感和权力距离的作用［J］．中国人力资源开发，2018，35（12）：18-27．

［79］刘尧．大学内部治理亟待突破的八大困境［J］．高校教育管理，

2017, 11 (1)：21 – 26.

[80] 刘艺. 高校教师心理契约对建言行为的影响研究 [D]. 武汉：华中师范大学，2019.

[81] 龙献忠，周晶，董树军. 高校教师流失治理——基于"退出—呼吁—忠诚"理论视角 [J]. 高等教育研究，2014, 35 (6)：46 – 51.

[82] 卢红旭，段锦云，刘艳彬. 建言行为的理论机制及未来研究展望 [J]. 心理科学，2020, 43 (5)：1235 – 1242.

[83] 陆韵. 高校教师群体社会分层对参与学校决策的影响及应对 [J]. 江苏高教，2018 (6)：50 – 54.

[84] 罗志敏，孙艳丽，郝艳丽. 从"结构—制度"到"制度—生活"：新时期中国大学内部治理研究的视角转换 [J]. 清华大学教育研究，2019, 40 (6)：64 – 72.

[85] 毛畅果，范静博，刘斌. 家长式领导对员工建言行为的三阶交互效应 [J]. 首都经济贸易大学学报，2020, 22 (3)：102 – 112.

[86] 毛金德，朱国利. 政府简政放权背景下教师参与大学治理研究 [J]. 高教论坛，2021 (1)：73 – 77.

[87] 毛金德. 教师参与大学治理影响因素研究——基于教师自身因素的探究 [J]. 高教学刊，2020 (31)：133 – 136.

[88] 孟新，李智. 教师参与大学内部治理的困境及化解之道——基于场域的视角 [J]. 现代大学教育，2018 (6)：82 – 88.

[89] 苗仁涛，等. 高绩效工作系统有助于员工建言？一个被中介的调节作用模型 [J]. 管理评论，2015, 27 (7)：105 – 115, 126.

[90] 聂玉景. 国外教师领导力研究现状 [J]. 现代教育科学，2016 (4)：122 – 126.

[91] 宁芳. 共同治理理论视野下地方高校教师参与学校管理研究 [D]. 昆明：云南财经大学，2016.

[92] 潘亮，杨东涛. 代际视角下相对的领导—成员交换关系对员工建言行为的影响研究 [J]. 管理学报，2020, 17 (4)：518 – 526.

[93] 秦惠民. 我国大学内部治理中的权力制衡与协调——对我国大

学权力现象的解析 [J]. 中国高教研究, 2009 (8): 26 – 29.

[94] 冉云芳. 企业参与职业教育校企合作的影响机理研究——基于计划行为理论的解释框架 [J]. 教育发展研究, 2021, 41 (7): 44 – 52.

[95] 任可欣, 余秀兰. 生存抑或发展: 高校评聘制度改革背景下青年教师的学术行动选择 [J]. 中国青年研究, 2021 (8): 58 – 66, 102.

[96] 任美娜, 刘林平. "在学术界失眠": 行政逻辑和高校青年教师的时间压力 [J]. 中国青年研究, 2021 (8): 14 – 21, 35.

[97] 尚伟伟, 等. 当代大学生从教意愿的影响机理研究——基于计划行为理论的分析框架 [J]. 高教探索, 2021 (5): 111 – 117.

[98] 石冠峰, 赵婉莹. 情感型领导、心理安全感对员工建言行为的影响———一个有调节的中介模型 [J]. 预测, 2020, 39 (2): 34 – 40.

[99] 宋俭. 论新时代中国知识分子的精神品格 [J]. 中央社会主义学院学报, 2020 (3): 155 – 165.

[100] 宋源. 工作压力、心理资本与员工建言行为研究 [J]. 河南社会科学, 2018, 26 (9): 77 – 81.

[101] 苏娜, 庞济浩. 公众参与社会治安治理意愿、行为及影响因素研究——基于 TPB 理论及 MOA 模型 [J]. 中国人民公安大学学报 (社会科学版), 2020, 36 (6): 143 – 150.

[102] 苏荣海, 徐茂洲. 大学生现场观赏中超足球联赛意图和行为研究 [J]. 应用心理学, 2017, 23 (2): 128 – 142.

[103] 苏勇. 主观社会经济地位与教师建言行为关系的实证研究 [J]. 中国特殊教育, 2017 (12): 91 – 96.

[104] 眭依凡, 等. 大学内部治理研究: 文献回顾与研究展望 [J]. 河北师范大学学报 (教育科学版), 2021, 23 (5): 1 – 10.

[105] 眭依凡, 张衡. 香港科技大学内部治理体系探析 [J]. 高等教育研究, 2019, 40 (10): 36 – 45.

[106] 眭依凡. 论大学的善治 [J]. 江苏高教, 2014 (6): 15 – 21, 26.

[107] 眭依凡. 转向大学内部治理体系创新: 高等教育治理体系现代

化的紧要议程 [J]. 教育研究, 2020, 41 (12): 67 - 85.

[108] 孙东山. 自由与秩序: 教育治理法治化的实践逻辑 [J]. 继续教育研究, 2018 (7): 25 - 29.

[109] 谭晓玉. 教师参与大学内部治理: 角色定位与制度反思 [J]. 复旦教育论坛, 2015, 13 (1): 12 - 17.

[110] 汤一介先生. 中国知识分子的特点 [EB/OL]. (2010 - 04 - 05) [2022 - 7 - 31]. https: //baijiahao. baidu. com/s? id = 1604019891075179677&wfr = spider&for = pc.

[111] 唐宁. 高职院校如何将管理对象转变为治理主体? ——基于高职院校内部治理逻辑的专业评价激励制度设计 [J]. 职教论坛, 2020, 36 (9): 25 - 30.

[112] 田辉. 组织变革背景下沟通开放性、变革意愿与组织学习关系研究 [J]. 学习与探索, 2016 (5): 123 - 129.

[113] 田杰, 康琪琪, 余秀兰. 抽薪止沸: 什么样的危机事件会扩大为 "校闹"? ——基于 24 个学校案例的定性比较分析 [J]. 教育科学研究, 2021 (11): 40 - 47.

[114] 汪群, 陈静. 变革型领导对员工建言行为的影响机制研究 [J]. 企业经济, 2016 (9): 104 - 110.

[115] 王芳, 李宁. 赋权·认同·合作: 农村生态环境参与式治理实现策略——基于计划行为理论的研究 [J]. 广西社会科学, 2021 (2): 49 - 55.

[116] 王洪才. 大学治理: 理想·现实·未来 [J]. 高等教育研究, 2016, 37 (9): 1 - 7.

[117] 王季, 耿健男, 肖宇佳. 从意愿到行为: 基于计划行为理论的学术创业行为整合模型 [J]. 外国经济与管理, 2020, 42 (7): 64 - 81.

[118] 王亮, 牛雄鹰. 知识型员工的组织支持感对其建言行为的影响 [J]. 技术经济, 2018, 37 (1): 26 - 33.

[119] 王晓茜, 姚昊. 大学生参与大学内部治理行为的影响因素研究——基于多群组结构方程模型的实证分析 [J]. 重庆高教研究, 2021

（4）：1 - 15.

［120］王啸天，陈文平，段锦云．中国背景下员工的面子观及其对建言和沉默行为的影响［J］．心理研究，2019，12（3）：233 - 244，251.

［121］王学军．分享信任和承诺对分享行为的影响研究——基于承诺信任理论和计划行为理论视角［J］．北方民族大学学报，2020（4）：123 - 129.

［122］王雁飞，黄佳信，朱瑜．基于认知—情感整合视角的包容型领导与建言行为关系研究［J］．管理学报，2018，15（9）：1311 - 1318.

［123］王永跃，段锦云．政治技能如何影响员工建言：关系及绩效的作用［J］．管理世界，2015（3）：102 - 112.

［124］王占军．大学何以有效治理：治理结构的视角［J］．教育发展研究，2018，38（19）：36 - 41.

［125］王绽蕊．教师参与大学治理制度反思与完善［J］．北京教育（高教），2016（5）：26 - 28.

［126］魏昕，张志学．组织中为什么缺乏抑制性进言？［J］．管理世界，2010（10）：99 - 109，121.

［127］魏叶美，范国睿．教师参与学校治理意愿影响因素的实证研究——计划行为理论框架下的分析［J］．华东师范大学学报（教育科学版），2021，39（4）：73 - 82.

［128］魏叶美．教师参与学校治理的影响因素分析——以 C. L. E. A. R 模型为视角［J］．上海教育科研，2020（10）：65 - 69.

［129］魏叶美．教师参与学校治理研究［D］．上海：华东师范大学，2018.

［130］魏银珍，邓仲华，杨改贞．科研人员数据重用意愿的影响因素研究［J］．图书馆理论与实践，2020（3）：11 - 16.

［131］吴立保．大学内部治理能力现代化的文化逻辑［J］．中国高教研究，2020（5）：59 - 65.

［132］吴明隆．结构方程模型——AMOS 操作与应用［M］．重庆：重庆大学出版社，2010：2，52，55.

［133］吴明隆．问卷统计分析实务——SPSS 操作与应用［M］．重庆：重庆大学出版社，2010：195，200，207，237．

［134］吴艳云．协同治理理论下高校教师参与治理的要素研究［J］．佛山科学技术学院学报（社会科学版），2020，38（6）：48－53．

［135］向东春．异质互动对大学教师工作投入的影响——学院内部权力关系的视角［J］．现代大学教育，2020，36（6）：94－100．

［136］肖柯．大学治理理论的演进趋势与启示——从社会学和教育学的整合角度考察［J］．学术探索，2018（5）：140－145．

［137］肖笑飞，等．人文价值：一流大学治理的新取向——香港科技大学集体访谈录［J］．复旦教育论坛，2019，17（3）：5－10．

［138］谢江佩，等．管理开放性与员工建言：基于组织的自尊与亲社会动机的作用［J］．浙江社会科学，2020（3）：80－87，159．

［139］辛杰，刘淑君，孙卫敏．谦卑型领导影响员工建言行为机制研究［J］．中央财经大学学报，2021（1）：109－118．

［140］徐兴旺，俞燕，曾艳．"双高"建设背景下高职院校制度文化建设探析［J］．中国职业技术教育，2020（28）：83－88．

［141］徐悦，段锦云，李成艳．仁慈领导对员工建言的影响：自我预防和自我提升的双重路径［J］．心理与行为研究，2017，15（6）：839－845．

［142］徐祯．高校教师参与大学内部治理的适切性与有效性分析［D］．上海：华东师范大学，2018．

［143］徐自强，严慧．身份—权力—行动：大学内部治理中的教授治学——基于高校章程的内容分析［J］．高教探索，2019（7）：24－32．

［144］许谦，叶忠．基于民主化治理理念下教师参与高校管理制度研究［J］．黑龙江高教研究，2018，36（7）：122－125．

［145］闫春，王思惠．真实型领导对员工上行建言行为的影响：一个双重中介模型的建构与检验［J］．中国人力资源开发，2018，35（3）：18－28．

［146］严玉萍．大学共同治理的新局面：基于组织文化和制度领导的视角——以北欧五所大学为例［J］．大学教育科学，2018（4）：78－83，90．

［147］阎光才．高校教师参与治理的困惑及其现实内涵［J］．中国高

教研究，2017（7）：6－11.

[148] 阎亮，马贵梅．工作满意或不满意促进建言？——代际差异与 PIED 的调节效应［J］．管理评论，2018，30（11）：176－185.

[149] 颜爱民，郝迎春．上级发展性反馈对员工建言的影响——基于建设性责任知觉视角［J］．华东经济管理，2020，34（5）：113－120.

[150] 杨超．"双一流"建设背景下大学教师参与学科治理的困境及路径［J］．学位与研究生教育，2018（9）：39－45.

[151] 杨德广．关于高校"去行政化"的思考［J］．教育发展研究，2010，30（9）：19－24.

[152] 杨剑，刘赵磊，季泰．大学生锻炼意向与行为关系——执行功能的解释作用［J］．福建师范大学学报（哲学社会科学版），2020（3）：131－141，171－172.

[153] 杨薇．制度设计视角下教师参与大学治理现状研究［D］．北京：北京工业大学，2014.

[154] 仰丙灿，张兄武．试点学院改革下的大学二级学院治理［J］．现代教育管理，2019（2）：37－42.

[155] 仰丙灿．大学内部治理中的教师权力［J］．黑龙江高教研究，2017（5）：41－44.

[156] 姚敏．大学管理中教师的"失语症"及其根治［J］．湖南师范大学教育科学学报，2015，14（1）：108－111.

[157] 姚秋兰．中小学学校治理中的教师参与问题研究［D］．上海：华东师范大学，2016.

[158] 叶飞．公共参与精神的培育——对"唯私主义综合征"的反思与超越［J］．高等教育研究，2020，41（1）：18－24.

[159] 叶文明．教师参与大学内部治理的渠道：一个"组织—制度"分析框架［J］．中国高教研究，2017（3）：32－36.

[160] 易明，等．时间压力会导致员工沉默吗——基于 SEM 与 fsQCA 的研究［J］．南开管理评论，2018，21（1）：203－215.

[161] 于海琴，李玲，梅健．大学教师工作疏离感特征及其在组织行

为中的作用路径［J］. 清华大学教育研究，2016，37（5）：92 – 100.

［162］在知识分子、劳动模范、青年代表座谈会上的讲话［EB/OL］.（2016 – 4 – 26）［2022 – 7 – 31］. http：//www. moe. gov. cn/jyb＿xwfb/moe＿176/201605/t20160503＿241694. html.

［163］詹小慧，汤雅军，杨东涛. 员工建言对职场排斥的影响研究——基于社会比较理论的视角［J］. 经济经纬，2018，35（3）：103 – 109.

［164］张端鸿，王倩，蔡三发. 学术委员会在高校内部治理中为什么会被边缘化——以 A 大学为例［J］. 江苏高教，2020（10）：29 – 36.

［165］张衡，眭依凡. 中国特色一流大学治理结构：理论基础、体系架构、变革路径［J］. 中国高教研究，2020（3）：11 – 16.

［166］张衡. 嵌入性与复杂性：高校治理变革的现实思考与创新进路［J］. 江苏高教，2020（1）：47 – 54.

［167］张红，张再生. 基于计划行为理论的居民参与社区治理行为影响因素分析——以天津市为例［J］. 天津大学学报（社会科学版），2015，17（6）：523 – 528.

［168］张红峰. 大学共同治理的博弈机制研究［J］. 大学教育科学，2018（1）：76 – 83.

［169］张红峰. 大学组织变革中的博弈分析［J］. 教育学术月刊，2011（12）：18 – 21.

［170］张洪娟. 利益相关者视角下的大学治理探析［J］. 江苏高教，2020（5）：82 – 85.

［171］张继龙. 院系学术治理方式的本质透视——制度之眼与历史之维［J］. 江苏高教，2017（6）：15 – 19.

［172］张继龙. 院系学术治理中的权力圈层结构——基于教师参与的视角［J］. 高等教育研究，2017，38（4）：17 – 24.

［173］张靖昊，等. 自主氛围对不同文化价值观员工建言行为的影响机制研究［J］. 管理学报，2022，19（1）：36 – 45.

［174］张坤，张雷生. 高校治理结构与教师参与高校治理问题研究［J］. 北京教育（高教），2021（9）：40 – 43.

[175] 张丽华, 郭云贵, 刘睿. 中国情境下的领导行为与员工建言 [J]. 首都经济贸易大学学报, 2017, 19 (2): 81 – 87.

[176] 张璐. 管理者可信行为感知、员工—组织价值一致性、员工责任感知与员工建言行为的关系研究 [D]. 哈尔滨: 哈尔滨师范大学, 2018.

[177] 张明, 陈伟宏, 蓝海林. 中国企业"凭什么"完全并购境外高新技术企业——基于 94 个案例的模糊集定性比较分析 (fsQCA) [J]. 中国工业经济, 2019 (4): 117 – 135.

[178] 张明, 杜运周. 组织与管理研究中 QCA 方法的应用: 定位、策略和方向 [J]. 管理学报, 2019, 16 (9): 1312 – 1323.

[179] 张清宇, 苏君阳. 现代学校制度下教师制度化参与的内涵及意义 [J]. 现代教育管理, 2017 (7): 43 – 48.

[180] 张森, 毛亚庆, 于洪霞. 校长道德领导对教师建言的影响: 领导—成员交换的中介作用 [J]. 教师教育研究, 2018, 30 (1): 49 – 55, 71.

[181] 张伟, 张茂聪. 聘任制语境下高校青年教师学术职业困境与制度变革路径——新制度主义视角 [J]. 高校教育管理, 2020, 14 (4): 52 – 60.

[182] 张伟. 美国大学教师参与共同治理合法性危机探析 [J]. 清华大学教育研究, 2017, 38 (2): 36 – 42.

[183] 张熙, 杨颖晨. 美国公立研究型大学内部治理的决策与协调机制——基于伯克利加州大学的案例分析 [J]. 高教探索, 2019 (2): 52 – 56.

[184] 张熙. 当代美国大学共同治理中的教师参与: 争议与走向——基于四次全国性调查报告的比较分析 [J]. 现代教育管理, 2018 (10): 47 – 52.

[185] 张颖, 苏君阳. 学校领导反馈环境对教师建言的影响——一个有调节的中介模型 [J]. 教师教育研究, 2020, 32 (1): 32 – 40.

[186] 张颖. 学校管理实践中的教师建言研究 [J]. 教育评论, 2016 (8): 29 – 32.

［187］张应强，苏永建．高等教育质量保障：反思、批判与变革［J］．教育研究，2014，35（5）：19－27，49．

［188］张应强，唐宇聪．大学治理的特殊性与我国大学治理体系现代化［J］．清华大学教育研究，2020，41（3）：6－13．

［189］张应强，赵锋．从我国大学评价的特殊性看高等教育评价改革的基本方向［J］．江苏高教，2021（2）：1－8．

［190］张昭俊，郑菲鸿，王秀丽．高校科研人力资本迁移意愿影响因素研究——基于计划行为理论视角［J］．科技管理研究，2020，40（10）：151－157．

［191］章宁，汤颖，常思亮．"差序格局"下大学内部协商民主治理的困境与突破［J］．江苏高教，2018（8）：41－44，79．

［192］赵宏超，等．共享型领导如何影响新生代员工建言？——积极互惠与责任知觉的作用［J］．中国人力资源开发，2018，35（3）：29－40．

［193］赵荣辉，金生鈜．大学的伦理德性与内部治理［J］．高等教育研究，2019，40（4）：36－40．

［194］赵小焕，眭依凡．大学教师参与学院治理过程中的问题及策略研究——基于 A 大学的个案研究［J］．高校教育管理，2021，15（6）：48－56．

［195］赵小焕，眭依凡．一流大学教师权利特征及其反思：基于大学章程的文本分析［J］．江苏高教，2019（12）：77－84．

［196］赵新民，姜蔚，程文明．基于计划行为理论的农村居民参与人居环境治理意愿研究：以新疆为例［J］．生态与农村环境学报，2021，37（4）：439－447．

［197］赵学瑶，邢丽．高职教师参与院校治理的现状与对策——对34所高职院校的实证分析［J］．职教论坛，2018（7）：149－157．

［198］郑琼鸽，王晓芳．什么影响了师门组会发言——基于人文社科博士研究生的质性研究［J］．高教探索，2021（3）：66－71．

［199］郑琼鸽，余秀兰．地方高校教师创业型角色认同的过程机制研究［J］．复旦教育论坛，2020，18（2）：65－71．

［200］郑琼鸽，余秀兰．个人—组织匹配视角下高职院校教师创新行为影响因素研究［J］．高校教育管理，2021，15（5）：105－115.

［201］郑云．教师参与高校内部治理的文化路向［J］．高教论坛，2021（9）：20－22，26.

［202］周光礼，郭卉．大学治理实证研究2015～2019：特征、趋势与展望［J］．华东师范大学学报（教育科学版），2020，38（9）：200－227.

［203］周浩，盛欣怡．管理者征求建言的内在机制［J］．心理科学进展，2019，27（12）：1980－1987.

［204］周作宇，刘益东．权力三角：现代大学治理的理论模型［J］．北京师范大学学报（社会科学版），2018（1）：5－16.

［205］周作宇．大学治理的伦理基础：从善治到至善［J］．高等教育研究，2021，42（8）：1－19.

［206］朱海燕．组织政治知觉对员工沉默行为影响研究：传统性的调节作用［D］．杭州：浙江工商大学，2018.

［207］朱贺玲，梁雪琴．大学治理的经典模式与特征解析［J］．高教探索，2021（7）：19－26.

［208］朱家德．教师参与高校治理现状的个案研究［J］．高等教育研究，2017，38（8）：34－41.

［209］朱亚丽，郭长伟．基于计划行为理论的员工内部创业驱动组态研究［J］．管理学报，2020，17（11）：1661－1667.

［210］朱优佩，彭赟琦，尹丁，李奉倩，范杨娟．高校教师建言行为现状调查与分析［J］．现代商贸工业，2015，36（7）：157－159.

［211］Agu A G, Kalu O O, Esi－Ubani C O et al. Drivers of sustainable entrepreneurial intentions among university students：An integrated model from a developing world context［J］. International Journal of Sustainability in Higher Education, 2021, ahead－of－print（ahead－of－print）.

［212］Ajzen I, Fishbein M. Attitudes and the attitude－behavior relation：Reasoned and automatic processes［J］. European Review of Social Psychology, 2000, 11（1）：1－33.

[213] Ajzen I. Constructing a TPB questionnaire: Conceptual and methodological considerations [R]. Icek Ajzen, 2002, Revised January, 2006: 1 – 14.

[214] Ajzen I. Perceived Behavioral Control, Self – Efficacy, Locus of Control, and the Theory of Planned Behavior [J]. Journal of Applied Social Psychology, 2002, 32 (4): 665 – 683.

[215] Ajzen I. Residual effects of past on later behavior: Habituation and reasoned action perspectives [J]. Personality & Social Psychology Review, 2002, 6 (2): 107 – 122.

[216] Ajzen I. The theory of planned behavior: Frequently asked questions [J]. Human Behavior and Emerging Technologies, 2020 (2): 314 – 324.

[217] Ajzen I. The theory of planned behavior [J]. Organizational Behavior & Human Decision Processes, 1991, 50 (2): 179 – 211.

[218] Akhtar M W, Syed F, Husnain M et al. Person – organization fit and innovative work behavior: The mediating role of perceived organizational support, affective commitment and trust [J]. Pakistan Journal of Commerce and Social Sciences, 2019, 13 (2): 311 – 333.

[219] Altawallbeh M, F Soon, Thiam W et al. Mediating role of attitude, subjective norm and perceived behavioural control in the relationships between their respective salient beliefs and behavioural intention to adopt E – learning among instructors in Jordanian Universities [J]. Journal of Education & Practice, 2015, 6 (11): 152 – 159.

[220] Ardi R, Hidayatno A, Teuku Y M Z. Investigating relationships among quality dimensions in higher education [J]. Quality Assurance in Education, 2012, 20 (4): 408 – 428.

[221] Armitage C J, Conner M. Efficacy of the theory of planned behaviour: A meta – analytic review [J]. British Journal of Social Psychology, 2001, 40 (4): 471 – 499.

[222] Bae K S, Chuma H, Kato T et al. High performance work practices and employee voice: A comparison of Japanese and Korean workers [J]. indus-

trial relations a journal of economy & society, 2011, 50 (1): 1 – 29.

[223] Barbera F L, Ajzen I. Control interactions in the theory of planned behavior: Rethinking the role of subjective norm [J]. Europe's Journal of Psychology, 2020 (8): 401 – 417.

[224] Bendermacher G, Egbrink M O, Wolfhagen I et al. Unravelling quality culture in higher education: A realist review [J]. Higher Education, 2017, 73 (1): 39 – 60.

[225] Bikse V. The transformation of traditional universities into entrepreneurial universities to ensure sustainable higher education [J]. Journal of Teacher Education for Sustainability, 2016, 18 (2): 75 – 88.

[226] BinBakr M B, Ahmed E I. High – involvement work processes and organizational commitment of female faculty in saudi arabia [J]. International Journal of Leadership in Education, 2019, 22 (5): 597 – 616.

[227] Birnbaum R. The end of shared governance: Looking ahead or looking back [J]. New Directions for Higher Education, 2004 (127): 5 – 22.

[228] Birnbaum R. The life cycle of academic management Fads [J]. Journal of Higher Education, 2000, 71 (1): 1 – 16.

[229] Bock G W, Zmud R W, Kim Y G et al. Behavioral intention formation in knowledge sharing: Examining the roles of extrinsic motivators, social – psychological forces, and organizational climate [J]. MIS quarterly, 2005, 29 (1): 87 – 111.

[230] Bolino M C, Turnley W H, Gilstrap J B et al. Citizenship under pressure: What's a "good soldier" to do? [J]. Journal of Organizational Behavior, 2010, 31 (6): 835 – 855.

[231] Bosnjak M, Ajzen I, Schmidt P. The theory of planned behavior: Selected recent advances and applications [J]. Europe's Journal of Psychology, 2020 (08): 352 – 356.

[232] Breen V, Fetzer R, Howard L et al. Consensus problem – solving increases perceived communication openness in organizations [J]. Employee

Responsibilities & Rights Journal, 2005, 17 (4): 215 –229.

[233] Brown W O. Faculty participation in University governance and the effects on University performance [J]. Journal of Economic Behavior & Organization, 2001, 44: 129 –143.

[234] Buhrman W D. The critical role of assessment in faculty governance [J]. Academy of Educational Leadership Journal, 2015, 19 (1): 80 –89.

[235] Chang M K. Predicting unethical behavior: A comparison of the theory of reasoned action and the theory of planned behavior [J]. Journal of Business Ethics, 1998, 17 (16): 1825 –1834.

[236] Cheung S F, Chan K S. The role of perceived behavioral control in predicting human behavior: A meta – analytic review of studies on the theory of planned behavior [R]. Hong Kong: Chinese University of Hong Kong, 2000: 60.

[237] Cialdini R B, Kallgren C A, Reno R R. A focus theory of normative conduct: A theoretical refinement and reevaluation of the role of norms in human behavior [J]. Advances in Experimental Social Psychology, 1991, 24 (1): 201 –234.

[238] Crellin M A. The future of shared governance [J]. New Directions for Higher Education, 2010, 2010 (151): 71 –81.

[239] Cunningham B M. Faculty: Thy administrator's keeper? Some evidence [J]. Economics of Education Review, 2009, 28 (4): 444 –453.

[240] Detert J R, Linda K. Treviño. Speaking up to higher – ups: How supervisors and skip – level leaders influence employee voice [J]. Organization Science, 2010, 21 (1): 249 –270.

[241] Dunn R, Hattie J, Bowles T. Using the theory of planned behavior to explore teachers' intentions to engage in ongoing teacher professional learning [J]. Studies in Educational Evaluation, 2018 (59): 288 –294.

[242] Durrani S, Chaudhary A. Impact of faculty's organizational cultural values on their Desire for Participatory Governance in Pakistani Public – Sector

Universities [J]. Journal of Social Sciences and Humanities, 2017, 25 (1): 19 - 51.

[243] Eckel P D. The Role of Shared Governance in Institutional Hard Decisions: Enabler or Antagonist? ASHE Annual Meeting Paper [J]. Administrative Organization, 2000 (22): 1 - 30.

[244] Emmerik I H V, Jawahar I M. The independent relationships of objective and subjective workload with couples' mood [J]. Human Relations, 2006, 59 (10): 1371 - 1392.

[245] Farndale E, Ruiten J V, Kelliher C et al. The influence of perceived employee voice on organizational commitment: An exchange perspective [J]. Human Resource Management, 2011, 50 (1): 113 - 129.

[246] Fauzi M A, Tan N L, Thurasamy R. Knowledge sharing intention at Malaysian higher learning institutions: The academics' viewpoint [J]. Knowledge Management and E - Learning, 2018, 10 (2).

[247] Favero M D, Bray N. The faculty - administrator relationship: Partners in prospective governance? [J]. Scholar - Practitioner Quarterly, 2005 (3): 53 - 72.

[248] Favero M D. Faculty - administrator relationships as integral to high - performing governance systems [J]. American Behavioral Scientist, 2003, 46 (7): 902 - 922.

[249] Fish S. Shared governance: Democracy is not an educational idea [J]. Change the Magazine of Higher Learning, 2007, 39 (2): 8 - 13.

[250] Fishbein M, Ajzen I. Belief, attitude, intention, and behavior: An introduction to theory and research reading [M]. MA: Addison - Wesley, 1975.

[251] Fralinger B V. Organizational culture at the University level: A study using the OCAI instrument [J]. Journal of College Teaching & Learning, 2007 (4): 85 - 98.

[252] Fuller J B, Hester M K. Promoting felt responsibility for constructive change and proactive behavior: Exploring aspects of an elaborated model of work

design [J]. Journal of Organizational Behavior, 2010, 27 (8): 1089 – 1120.

[253] Gardner S K. Seen and not heard? new faculty participation in shared governance [J]. The Department Chair, 2019, 29 (3): 4 –5.

[254] Gayle D J, Tewarie B, White A Q. Governance in the twenty – first – century university: Approaches to effective leadership and strategic management [R]. ASHE – ERIC Higher Education Report, 2003: 24.

[255] Guerrero M, Urbano D. Academics' start – up intentions and knowledge filters: An individual perspective of the knowledge spillover theory of entrepreneurship [J]. Small Business Economics, 2014, 43 (1).

[256] Heaney T. Democracy, shared governance, and the university [J]. New Directions for Adult & Continuing Education, 2010 (128): 69 –79.

[257] Heiny J, Ajzen I, Leonhäuser I et al. Intentions to enhance tourism in private households: Explanation and mediated effects of entrepreneurial xperience [J]. Journal of Entrepreneurship and Innovation in Emerging Economies, 2019 (8): 1 –21.

[258] Henson R K. The effects of participation in teacher research on teacher efficacy [J]. Teaching & Teacher Education, 2001, 17 (7): 819 – 836.

[259] Hosseini S, Shirazi Z. Towards teacher innovative work behavior: A conceptual model [J]. Cogent Education, 2021, 8 (1).

[260] Huang X, Iun J, Liu A et al. Does participative leadership enhance work performance by inducing empowerment or trust? The differential effects on managerial and non – managerial subordinates [J]. Journal of Organizational Behavior, 2010, 31 (1): 122 – 143.

[261] Johnson A L, DuVivier R S, Hambright W G. Shared University governance: Faculty perceptions on involvement and leadership [J]. Leadership and Research in Education, 2017, 4 (1): 10 –26.

[262] Johnsrud L K, Rosser V J. Faculty members' morale and their intention to leave [J]. Journal of Higher Education, 2002, 73 (4): 518 –542.

［263］Jones A L, Fahrenwald N, Ficek A. Testing ajzen's theory of planned behavior for faculty simulation development ［J］. Clinical Simulation in Nursing, 2013, 9 (6): 213 – 218.

［264］Jones W A. Faculty involvement in institutional governance: A literature review ［J］. Journal of the Professoriate, 2011, 6 (1): 117 – 135.

［265］Kater S T. Community College Faculty Conceptualizations of Shared Governance: Shared Understandings of a Sociopolitical Reality ［J］. Community College Review, 2017, 45 (3): 234 – 257.

［266］Kezar A, Eckel P D. Meeting today's governance challenges ［J］. Journal of Higher Education, 2004, 75 (4): 371 – 399.

［267］Klobas J E, Ajzen I. Making the decision to have a child ［J］. Reproductive Decision – Making in a Macro – Micro Perspective, 2015 (1): 41 – 78.

［268］Lau D C, Lam L W, Wen S S. Examining the effects of feeling trusted by supervisors in the workplace: A self - evaluative perspective ［J］. Journal of Organizational Behavior, 2013, 35 (1): 112 – 127.

［269］Leeuw A D, Valois P, Ajzen I et al. Using the theory of planned behavior to identify key beliefs underlying pro – environmental behavior in high – school students: Implications for educational interventions ［J］. Journal of Environmental Psychology, 2015 (42): 128 – 138.

［270］Lepine J A, Van Dyne L. Voice and cooperative behavior as contrasting forms of contextual performance: Evidence of differential relationships with Big Five personality characteristics and cognitive ability ［J］. Journal of Applied Psychology, 2001, 86 (2): 326 – 336.

［271］Liang J, Farh C I, Farh J L. Psychological antecedents of promotive and prohibitive voice: A two – wave examination ［J］. Academy of Management Journal, 2012, 55 (1): 71 – 92.

［272］Luhgiatno L, Dwiatmadja C. Developing optimal distinctive open innovation in private universities: Antecedents and consequences on innovative work behavior and employee performance [J]. International Journal of Higher Education, 2020, 9 (5): 1 -9.

[273] Macfarlane B. Defining and rewarding academic citizenship: The implications for university promotions policy [J]. Journal of Higher Education Policy & Management, 2007, 29 (3): 261 -273.

[274] Maruping L M, Venkatesh V, Thatcher S et al. Folding under pressure or rising to the occasion? perceived time pressure and the moderating role of team temporal leadership [J]. Academy of Management Journal, 2015, 58 (5): 1313 -1333.

[275] McDaniel M. Institutional climate and faculty governance in higher education: A shift from capitalist to shared governance models [J]. Workplace, 2017 (29): 34 -44.

[276] Mesut S. Ethical leadership and teachers' voice behavior: The mediating roles of ethical culture and psychological safety [J]. Educational Sciences: Theory & Practice, 2017, 17 (4): 1101 -1117.

[277] Meuer J, Rupietta C. A review of integrated QCA and statistical analyses [J]. Quality & Quantity, 2016 (8): 2063 -2083.

[278] Mills E E. Culture and leadership in a public university setting: Implications for shared governance and change [D]. 2014.

[279] Minor J T. Senates: Moving from mystery to models [J]. The Review of Higher Education, 2004, 27 (3): 343 -363.

[280] Munawir M, Raharjo K, Djalil M et al. Dimensions of identity strength and organizational citizenship behavior (OCB) in establishing good university governance and performance of religious ideology - based higher education [J]. Journal of Applied Research in Higher Education. 2019, 11 (2): 250 -272.

[281] Neto R C. Exploring the relationship between entrepreneurial behavior and teachers'job satisfaction [J]. Teaching and Teacher Education, 2017 (63): 254 -262.

[282] Newton J. Barriers to effective quality management and leadership: Case study of two academic departments [J]. Higher Education, 2002, 44 (2): 185 –212.

[283] Ng K Y, Dyne L V, Ang S. Speaking out and speaking up in multicultural settings: A two – study examination of cultural intelligence and voice behavior [J]. Organizational Behavior and Human Decision Processes, 2019 (151): 151 –159.

[284] Poliakoff E, Webb T L. What factors predict scientists' Intentions to participate in public engagement of science activities? [J]. Science Communication, 2007, 29 (2): 242 –263.

[285] Pope M L. A conceptual framework of faculty trust and participation in governance [J]. New Directions for Higher Education, 2004 (127): 75 –84.

[286] Punniyamoorthy M, Asumptha J A. A study on knowledge sharing behavior among academicians in India [J]. Knowledge Management & E – Learning, 2019, 11 (1): 95 –115.

[287] Redmond R W. Faculty involvement in shared governance and decision making: A case study [D]. Morgan State University, 2007.

[288] Reneau F H, Favero M D. Faculty administrator relationships: An exploratory study of the social rewards perceived by faculty in their interactions with department chairs and deans [J]. Journal of Education Research and Behavioral Sciences, 2015, 4 (2): 75 –88.

[289] Rogers D P. The development of a measure of perceived communication openness [J]. Journal of Business Communication, 1987, 24 (4): 53 –61.

[290] Sani A, Eko A, Maharani V. Factors affecting innovative work behavior: Mediating role of knowledge sharing and job crafting [J]. Journal of Asian Finance Economics and Business, 2020, 7 (11): 999 –1007.

[291] Scribner J P, Sawyer R K, Watson S T et al. Teacher teams and distributed leadership: A study of group discourse and collaboration [J]. Educational Administration Quarterly, 2004, 43 (1): 67 –100.

［292］Shah S, Zai S Y et al. A study to evaluate the attitude of faculty Members of Public Universities of Pakistan towards shared governance ［J］. Research on Humanities and Social Sciences, 2014, 4 (1): 15 – 22.

［293］Sok J, Borges J R, Schmidt P et al. Farmer behaviour as reasoned action: A critical review of research with the theory of planned behaviour ［J］. Journal of Agricultural Economics, 2020 (10): 1 – 25.

［294］Spector P E, Fox S. Counterproductive work behavior and organisational citizenship behavior: Are they opposite forms of active behavior? ［J］. Applied Psychology, 2010, 59 (1): 21 – 39.

［295］Sutic I, Jurcevic M. Strategic management process and enhancement of quality in higher education ［J］. Poslovna Izvrsnost/Business Excellence, 2012, 6 (1), 147 – 161.

［296］Swaminathan S, Jawahar P D. Job satisfaction as a predictor of organizational citizenship behavior: An empirical study ［J］. Global Journal of Business Research, 2013, 7 (1): 71 – 80.

［297］Tan O K, Apandi S, Hee O C et al. Undergraduates entrepreneurial intention: Holistic determinants matter ［J］. International Journal of Evaluation and Research in Education (IJERE), 2021, 10 (1): 57.

［298］Teh C J, Boerhannoeddin A, Ismail A. Organizational culture and performance appraisal process: Effect on organizational citizenship behavior ［J］. Asian Business & Management, 2012, 11 (4): 471 – 484.

［299］Teo T, Tan L. The theory of planned behavior (TPB) and pre – service teachers' technology acceptance: A validation study using structural equation modeling ［J］. Journal of Technology & Teacher Education, 2012, 20 (1): 89 – 104.

［300］Tierney W G, Minor J T. Challenges for governance: A national report ［EB/OL］. 2021 – 03 – 16. https: //www. researchgate. net/publication/234588476_Challenges_for_Governance_A_National_Report.

［301］Tierney W G. Competing conceptions of academic governance

[M]. Baltimore: The John Hopkins University Press, 2004: 15 – 31.

[302] Watt H M, Richardso P W. Motivation of higher education faculty: (How) it matters! [J]. International Journal of Educational Research, 2020 (100): 1 – 10.

[303] Wendy, M, Rodgers et al. Conscientiousness and the Intention – Behavior Relationship: Predicting Exercise Behavior [J]. Journal of Sport and Exercise Psychology, 2007, 29 (4): 518 – 533.

[304] Wijerathna R, Wickramasuriya H, Marambe B. Factors predicting the intention of academics of faculties of agriculture in the state universities in Sri Lanka to engage in outreach activities [J]. Tropical Agricultural Research, 2015, 26 (2): 285 – 293.

[305] Wise L R. Bureaucratic posture: On the need for a composite theory of bureaucratic behavior [J]. Public Administration Review, 2004, 64 (6): 669 – 680.

[306] Zahra T T, Ahmad H M, Waheed A. Impact of ethical leadership on innovative work behavior: Mediating role of self – efficacy [J]. Journal of Behavioural Sciences, 2017, 27 (1): 93 – 107.

[307] Zeenat S, F Ali, Rizvi M et al. Demonstrating the motivational scale for commitments toward teachers' turnover intentions using self – determination theory: A case of higher education institutions in Pakistan [J]. International Journal of Educational Management, 2020, ahead – of – print (ahead – of – print).

[308] Zhu Y, Akhtar S. Leader trait learning goal orientation and employee voice behavior: The mediating role of managerial openness and the moderating role of felt obligation [J]. The International Journal of Human Resource Management, 2019, 30 (20): 2876 – 2900.

附录 A　访谈提纲（教师）

尊敬的老师：

您好！高校教师建言行为是指教师参与学校内部事务决策、表达个人意见和建议的行为。建言是教师参与学校治理的重要形式，为进一步了解高校教师建言行为，希望对您进行访谈，提纲如下：

1. 您是否有参与学校治理、向校长或二级学院院长建言的经历？如果是，当时建言内容是关于什么方面的？在什么样的场合？采取怎样的建言方式？过程顺利吗？结果有反馈吗？建言对您有什么影响？以后您还会建言吗？

2. 如果您从未建言，那么您为什么不愿意建言？您觉得阻碍您建言的因素有哪些？

3. 您是如何看待教师建言行为的？您觉得建言有用吗？您喜欢建言吗？

4. 据您了解，您身边的同事有人建言吗？他们建言后有什么结果或变化吗？您会受到他们影响吗？

5. 学校领导、学院领导期望您建言吗？周围同事希望您建言吗？

6. 您平时建言的机会多吗？您了解到的学校有哪些建言渠道？

7. 您觉得自己在参与治理方面的能力如何？对自己建言内容被采纳是否有信心？

8. 对提高教师建言积极性和有效性，您对学校管理方面有什么建议？对其他老师有什么建议？

附录 B 访谈提纲（行政领导）

尊敬的领导：

您好！高校教师建言行为是指教师参与学校内部事务决策、表达个人意见和建议的行为。建言是教师参与学校治理的重要形式，为进一步了解高校教师建言行为，希望对您进行访谈，提纲如下：

1. 有老师私下跟您建言过吗？如果是，当时建言内容是关于什么方面的？在什么样的场合？采取怎样的建言方式？过程顺利吗？您有对结果进行反馈吗？

2. 您是如何看待公开场合，比如座谈会上的教师建言行为的？

3. 您是如何看待私下场合，比如非正式场合的聊天式教师建言行为？

4. 您觉得教师建言对学校治理有用吗？您期望老师们积极建言吗？

5. 您希望老师们多参与什么方面的内容？采取什么样的建言方式？

6. 目前学校提供了哪些教师建言渠道？

7. 对提高教师建言的积极性和有效性，您觉得学校管理方面还有哪些需要改进的地方？

附录 C　高校教师参与治理行为调查问卷

尊敬的老师：

您好！本问卷旨在了解教师参与治理的状况和主要影响因素，为高校调整管理策略、提升内部治理水平提供决策参考。我们诚邀您参与本次调查，请您根据自己的实际情况和真实想法填写。本问卷采用匿名形式，我们承诺对您的资料严格保密，调查中所涉及的信息仅用于学术研究，请您放心填写。非常感谢您的支持和配合！

××大学教育研究院

2021 年 9 月

第一部分　个人基本信息

1. 学校类型：□"双一流"大学　□一般本科院校　□高职高专院校

2. 所属学科：□人文社科　□自然科学

3. 性别：□男　□女

4. 工作年限：□5 年及以下　□6～10 年　□11～20 年　□21 年以上

5. 学历：□本科及以下　□硕士研究生　□博士研究生

6. 职称：□初级　□中级　□副高　□正高

7. 您期望参与以下哪些具体事务？（可多选）

A. 教师聘用考核　B. 教师收入分配　C. 人才培养　D. 科研活动

E. 学校发展战略

8. 您实际参与以下哪些具体事务？（可多选）

A. 教师聘用考核　B. 教师收入分配　C. 人才培养　D. 科研活动

E. 学校发展战略　F. 从未参与

9. 您主要通过以下哪些组织机构或渠道参与学校事务？（可多选）

A. 教职工代表大会　B. 学术委员会　C. 专业（教研室）工作会议

D. 座谈会　E. 校长信箱　F. 校长接待日　G. 响应相关部门的意见征集

H. 私下场合　I. 从未参与

10. 您平时主要向以下哪些行政领导提出促进学校发展的意见和建议？（可多选）

A. 校领导　B. 职能部门领导　C. 二级学院领导　D. 从未提过

第二部分　教师参与治理行为相关变量（共45题）

说明：高校教师参与治理行为是指教师参与学校内部事务决策、表达个人意见和建议的行为。问卷所指的行政领导包括校级（校领导、职能部门领导）或院级（二级学院领导），请结合您的个人实践经验选择某一位具体对象进行评分。

以下每个题项均有五个选项，请您根据实际情况在每个题项的相应选项处（1~5）划"√"。

变量	题项	非常不符合	不太符合	一般	比较符合	非常符合
感知风险	Pr_01：我觉得参与治理可能会得罪行政领导	1	2	3	4	5
	Pr_02：我觉得参与治理可能会惹行政领导不高兴	1	2	3	4	5
	Pr_03：我觉得参与治理可能会损害同事利益	1	2	3	4	5
	Pr_04：我觉得参与治理可能会破坏我与其他同事的和谐关系	1	2	3	4	5
	Pr_05：我觉得经常参与治理可能会给他人留下不安分守己的负面印象	1	2	3	4	5

变量	题项	非常不符合	不太符合	一般	比较符合	非常符合
感知成就	Pa_01：我觉得参与治理可能会提高学校的管理效率	1	2	3	4	5
	Pa_02：我觉得参与治理可能会提高学校相关政策制度的科学合理性	1	2	3	4	5
	Pa_03：我觉得参与治理可能会维护我的个人正当权益	1	2	3	4	5
	Pa_04：我觉得参与治理可能会争取到专业（团队）的利益	1	2	3	4	5
	Pa_05：我觉得参与治理可能会获得周围领导同事的认可	1	2	3	4	5
	Pa_06：我觉得参与治理可能会实现我的自我价值	1	2	3	4	5
行为态度	Atb_01：我觉得参与治理是必要的	1	2	3	4	5
	Atb_02：我觉得参与治理是有益的	1	2	3	4	5
	Atb_03：我觉得参与治理是明智的	1	2	3	4	5
	Atb_04：我觉得参与治理是值得的	1	2	3	4	5
	Atb_05：我对参与治理很感兴趣	1	2	3	4	5
	Atb_06：参与治理让我感到很自豪	1	2	3	4	5
	Atb_07：参与治理让我感到很愉悦	1	2	3	4	5
主观规范	Sn_01：行政领导期望老师们多参与治理	1	2	3	4	5
	Sn_02：行政领导参与治理很积极	1	2	3	4	5
	Sn_03：周围的同事参与治理很积极	1	2	3	4	5
	Sn_06：作为集体一分子，参与治理是我的责任	1	2	3	4	5
	Sn_07：参与治理是学校赋予我的岗位职责	1	2	3	4	5
	Sn_08：知识分子应该敢于发言，积极参与治理	1	2	3	4	5
知觉行为控制	Pbc1_01：我具备参与治理所需的信息掌控能力	1	2	3	4	5
	Pbc1_02：我具备参与治理所需的问题解决能力	1	2	3	4	5
	Pbc1_03：我具备参与治理所需的沟通交流能力	1	2	3	4	5
	Pbc1_04：我对自己参与治理的能力比较自信	1	2	3	4	5
	Pbc2_01：我没有充足的时间精力参与治理工作	1	2	3	4	5
	Pbc2_02：我平时需要及时完成的任务很多	1	2	3	4	5
	Pbc2_03：我面临完成绩效考核任务的巨大压力	1	2	3	4	5

变量	题项	非常 不符合	不太 符合	一般	比较 符合	非常 符合
知觉行为控制	Pbc2_04：我的时间不是自己能掌控的	1	2	3	4	5
	Pbc3_01：我确信行政领导会及时反馈教师的意见和建议	1	2	3	4	5
	Pbc3_02：我确信行政领导会主动征求教师的意见和建议	1	2	3	4	5
	Pbc3_03：我确信行政领导向教师征求意见是真诚的	1	2	3	4	5
	Pbc3_04：我确信行政领导会耐心倾听教师的意见和建议	1	2	3	4	5
	Pbc3_05：我确信行政领导会包容理解教师提出的意见和建议	1	2	3	4	5
行为意向	Bi_01：我能接受在完成其他任务的基础上多参与治理工作	1	2	3	4	5
	Bi_02：我能接受牺牲一些休息时间参与治理工作	1	2	3	4	5
	Bi_03：我愿意承担参与治理的职责	1	2	3	4	5
	Bi_04：我愿意为校（院）相关政策制度建言献策	1	2	3	4	5
行为	B_01：我曾在校（院）教代会等正式场合提出过意见和建议	1	2	3	4	5
	B_02：我曾在私下场合跟校（院）行政领导建言献策	1	2	3	4	5
	B_03：我最近正在通过各种渠道了解校（院）发展的重大事项	1	2	3	4	5
	B_04：我最近正在参与校（院）相关政策制度的研讨工作	1	2	3	4	5

您认为有哪些措施可以提高教师参与治理的积极性？（选填）

_____

_____

_____

问卷到此结束，非常感谢您的支持！

附录 D 量表的信效度检验结果
（预调查）

表 D-1　　　　　　　　　　感知风险量表信度检验结果

测量题项	项已删除的刻度均值	项已删除的刻度方差	校正的项总计相关性	项已删除的Cronbach's Alpha 值	Cronbach's Alpha 值
Pr_01	10.16	10.945	0.696	0.830	
Pr_02	10.05	10.225	0.750	0.816	
Pr_03	10.53	11.717	0.691	0.834	0.863
Pr_04	10.50	11.342	0.770	0.816	
Pr_05	10.22	11.418	0.545	0.872	

表 D-2　　　　　　　　　　感知风险量表探索性因子分析结果

测量题项	成分 1	KMO	Bartlett球形显著性水平	累计解释方差变异量
Pr_01	0.808			
Pr_02	0.854			
Pr_03	0.819	0.718	P < 0.001	65.839%
Pr_04	0.873			
Pr_05	0.690			

表 D – 3　　　　　　感知成就量表信度检验结果

测量题项	项已删除的 刻度均值	项已删除的 刻度方差	校正的项总 计相关性	项已删除的 Cronbach's Alpha 值	Cronbach's Alpha 值
Pa_01	18.19	11.777	0.661	0.833	
Pa_02	17.95	11.928	0.655	0.834	
Pa_03	18.13	12.033	0.640	0.837	0.859
Pa_04	18.12	11.550	0.736	0.819	
Pa_05	18.72	12.166	0.618	0.841	
Pa_06	18.41	12.700	0.584	0.847	

表 D – 4　　　　　　感知成就量表探索性因子分析结果

测量题项	成分 1	KMO	Bartlett 球形显著性水平	累计解释 方差变异量
Pa_01	0.774			
Pa_02	0.769			
Pa_03	0.761	0.822	P < 0.001	58.718%
Pa_04	0.835			
Pa_05	0.741			
Pa_06	0.711			

表 D – 5　　　　　　行为态度量表信度检验结果

测量题项	项已删除的 刻度均值	项已删除的 刻度方差	校正的项总 计相关性	项已删除的 Cronbach's Alpha 值	Cronbach's Alpha 值
Atb_01	11.51	4.569	0.816	0.919	
Atb_02	11.51	4.866	0.818	0.918	0.932
Atb_03	11.66	4.584	0.827	0.915	
Atb_04	11.59	4.502	0.901	0.890	
Atb_05	6.33	2.640	0.785	0.833	
Atb_06	6.32	2.379	0.804	0.809	0.884
Atb_07	6.44	2.289	0.748	0.866	

表 D – 6   行为态度量表探索性因子分析结果

测量题项	成分		KMO	Bartlett 球形显著性水平	累计解释方差变异量
	1	2			
Atb_01	0.861	0.250			
Atb_02	0.908	0.104			
Atb_03	0.854	0.275			
Atb_04	0.890	0.330	0.855	P < 0.001	83.874%
Atb_05	0.382	0.821			
Atb_06	0.382	0.832			
Atb_07	0.041	0.931			

表 D – 7   主观规范量表信度检验结果

测量题项	项已删除的刻度均值	项已删除的刻度方差	校正的项总计相关性	项已删除的 Cronbach's Alpha 值	Cronbach's Alpha 值
Sn_01	12.73	5.746	0.623	0.625	
Sn_02	12.40	6.718	0.414	0.714	
Sn_03	13.02	7.247	0.402	0.714	0.729
Sn_04	12.43	6.782	0.470	0.691	
Sn_05	12.40	6.500	0.550	0.661	
Sn_06	7.08	2.449	0.774	0.704	
Sn_07	7.29	2.031	0.745	0.708	0.830
Sn_08	7.08	2.370	0.579	0.878	

表 D – 8   主观规范量表探索性因子分析结果（初次）

测量题项	成分			KMO	Bartlett 球形显著性水平	累计解释方差变异量
	1	2	3			
Sn_01	0.225	0.806	0.253			
Sn_02	−0.076	0.850	0.064			
Sn_03	0.337	0.504	0.172			
Sn_04	0.032	0.132	0.903	0.684	P < 0.001	74.573%
Sn_05	0.155	0.199	0.873			
Sn_06	0.853	0.260	0.068			
Sn_07	0.840	0.350	0.041			
Sn_08	0.850	−0.207	0.135			

表 D - 9　　　　　　　**主观规范量表探索性因子分析结果（二次）**

测量题项	成分		KMO	Bartlett 球形显著性水平	累计解释方差变异量
	1	2			
Sn_01	0.217	0.847			
Sn_02	-0.099	0.837			
Sn_03	0.331	0.553	0.700	P < 0.001	71.188%
Sn_06	0.848	0.277			
Sn_07	0.826	0.360			
Sn_08	0.865	-0.157			

表 D - 10　　　　　　　**知觉行为控制量表信度检验结果**

测量题项	项已删除的刻度均值	项已删除的刻度方差	校正的项总计相关性	项已删除的 Cronbach's Alpha 值	Cronbach's Alpha 值
Pbc1_01	10.18	4.602	0.721	0.890	
Pbc1_02	10.17	4.497	0.777	0.870	0.899
Pbc1_03	9.99	4.386	0.791	0.865	
Pbc1_04	10.14	4.139	0.817	0.855	
Pbc2_01	11.28	4.067	0.500	0.739	
Pbc2_02	10.67	3.848	0.710	0.630	0.762
Pbc2_03	10.56	4.110	0.601	0.687	
Pbc2_04	11.14	4.021	0.465	0.763	
Pbc3_01	12.50	11.559	0.851	0.950	
Pbc3_02	12.38	11.565	0.884	0.944	
Pbc3_03	12.35	11.617	0.885	0.944	0.956
Pbc3_04	12.31	11.703	0.905	0.940	
Pbc3_05	12.41	11.651	0.857	0.948	

表 D – 11 知觉行为控制量表探索性因子分析结果

测量题项	成分			KMO	Bartlett 球形显著性水平	累计解释方差变异量
	1	2	3			
Pbc1_01	0.075	0.847	− 0.069			
Pbc1_02	− 0.113	0.873	− 0.014			
Pbc1_03	− 0.087	0.879	0.064			
Pbc1_04	− 0.041	0.897	0.044			
Pbc2_01	0.033	− 0.205	0.736			
Pbc2_02	− 0.068	0.207	0.867			
Pbc2_03	− 0.139	0.072	0.796	0.782	P < 0.001	75.808%
Pbc2_04	− 0.014	− 0.025	0.669			
Pbc3_01	0.895	− 0.058	− 0.137			
Pbc3_02	0.927	− 0.088	0.038			
Pbc3_03	0.927	− 0.011	− 0.012			
Pbc3_04	0.942	0.002	− 0.062			
Pbc3_05	0.908	− 0.045	− 0.067			

表 D – 12 行为意向量表信度检验结果

测量题项	项已删除的刻度均值	项已删除的刻度方差	校正的项总计相关性	项已删除的 Cronbach's Alpha 值	Cronbach's Alpha 值
Bi_01	10.60	4.025	0.658	0.876	
Bi_02	10.57	3.515	0.801	0.822	
Bi_03	10.55	3.438	0.754	0.842	0.880
Bi_04	10.28	3.710	0.756	0.840	

表 D – 13 行为意向量表探索性因子分析结果

测量题项	成分	KMO	Bartlett 球形显著性水平	累计解释方差变异量
	1			
Bi_01	0.800			
Bi_02	0.897	0.774	P < 0.001	73.666%
Bi_03	0.868			
Bi_04	0.866			

表 D - 14　　　　　　　　　行为量表信度检验结果

测量题项	项已删除的 刻度均值	项已删除的 刻度方差	校正的项总 计相关性	项已删除的 Cronbach's Alpha 值	Cronbach's Alpha 值
B_01	8.60	6.243	0.546	0.692	
B_02	8.80	6.179	0.597	0.660	0.749
B_03	8.73	6.973	0.569	0.680	
B_04	9.05	7.314	0.474	0.727	

表 D - 15　　　　　　　　行为量表探索性因子分析结果

测量题项	成分 1	KMO	Bartlett 球形显著性水平	累计解释方 差变异量
B_01	0.754			
B_02	0.788	0.667	P < 0.001	57.273%
B_03	0.777			
B_04	0.704			

附录 E 量表的信效度检验结果
（正式调查）

表 E-1 同源方差检验结果

成分	合计	方差（%）	初始特征值累积（%）	合计	提取平方和载入	
					方差（%）	累积（%）
1	15.018	33.373	33.373	15.018	33.373	33.373
2	4.781	10.624	43.997	4.781	10.624	43.997
3	3.463	7.694	51.691	3.463	7.694	51.691
4	2.782	6.182	57.874	2.782	6.182	57.874
5	1.902	4.226	62.100	1.902	4.226	62.100
6	1.459	3.242	65.342	1.459	3.242	65.342
7	1.352	3.005	68.346	1.352	3.005	68.346
8	1.267	2.815	71.161	1.267	2.815	71.161
9	1.002	2.227	73.388	1.002	2.227	73.388
10	0.852	1.892	75.281			
11	0.785	1.744	77.025			
12	0.736	1.636	78.661			
13	0.633	1.408	80.068			
14	0.604	1.342	81.411			
15	0.530	1.177	82.588			
16	0.467	1.038	83.627			
17	0.452	1.005	84.632			
18	0.441	0.979	85.611			

续表

成分	合计	方差（%）	初始特征值累积（%）	合计	提取平方和载入	
					方差（%）	累积（%）
19	0.426	0.946	86.557			
20	0.410	0.912	87.469			
21	0.368	0.818	88.287			
22	0.354	0.786	89.073			
23	0.349	0.776	89.849			
24	0.319	0.709	90.558			
25	0.312	0.694	91.252			
26	0.295	0.655	91.908			
27	0.293	0.651	92.558			
28	0.282	0.627	93.185			
29	0.259	0.576	93.761			
30	0.250	0.555	94.315			
31	0.244	0.542	94.857			
32	0.232	0.515	95.372			
33	0.226	0.503	95.875			
34	0.208	0.462	96.337			
35	0.197	0.437	96.774			
36	0.188	0.418	97.192			
37	0.178	0.396	97.588			
38	0.162	0.360	97.948			
39	0.153	0.339	98.287			
40	0.143	0.317	98.605			
41	0.137	0.304	98.908			
42	0.133	0.297	99.205			
43	0.129	0.288	99.493			
44	0.121	0.270	99.762			
45	0.107	0.238	100.000			

表 E－2 各量表的信度分析结果

量表	维度	测量题目数量	Cronbach's Alpha 值
感知风险	感知风险	5	0.892
感知成就	感知成就	6	0.889
行为态度	工具性态度	4	0.930
	情感性态度	3	0.918
主观规范	他人规范	3	0.783
	自我规范	3	0.853
知觉行为控制	参与治理能力	4	0.931
	时间压力	4	0.809
	行政领导沟通开放性	5	0.947
行为意向	行为意向	4	0.898
行为	行为	4	0.843

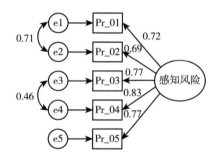

图 E－1 感知风险量表的验证性因子分析结果

表 E－3 感知风险量表的拟合优度和效度

潜变量	观测变量	λ	CR	AVE	拟合优度
感知风险	Pr_01	0.72	0.870	0.573	$\chi^2/\mathrm{df}=1.404$ GFI = 0.997 AGFI = 0.983 RMSEA = 0.028 NFI = 0.998 IFI = 0.999 CFI = 0.999
	Pr_02	0.69			
	Pr_03	0.77			
	Pr_04	0.83			
	Pr_05	0.77			

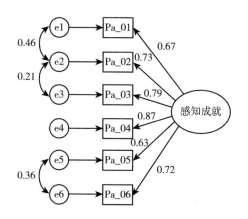

图 E-2　感知成就量表的验证性因子分析结果

表 E-4　　　　　　　　感知成就量表的拟合优度和效度

潜变量	观测变量	λ	CR	AVE	拟合优度
感知成就	Pa_01	0.67	0.877	0.546	$\chi^2/df = 3.888$
	Pa_02	0.73			GFI = 0.986
	Pa_03	0.79			AGFI = 0.951
	Pa_04	0.87			RMSEA = 0.075
	Pa_05	0.63			NFI = 0.986
	Pa_06	0.72			IFI = 0.990
					CFI = 0.990

表 E-5　　　　　　　　行为态度量表的拟合优度和效度

潜变量	观测变量	λ	CR	AVE	拟合优度
工具性态度	Atb_01	0.83	0.928	0.762	$\chi^2/df = 3.584$
	Atb_02	0.85			GFI = 0.982
	Atb_03	0.92			AGFI = 0.949
	Atb_04	0.89			RMSEA = 0.071
情感性态度	Atb_05	0.85	0.914	0.781	NFI = 0.988
	Atb_06	0.91			IFI = 0.992
	Atb_07	0.89			CFI = 0.992

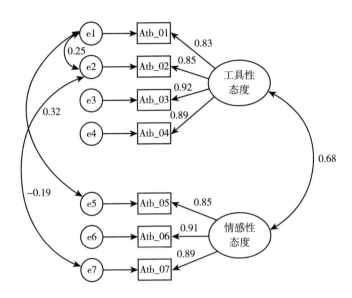

图 E-3　行为态度量表的验证性因子分析结果

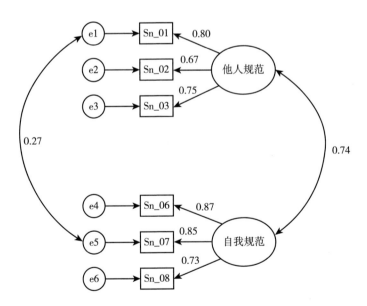

图 E-4　主观规范量表的验证性因子分析结果

表 E - 6　　　　　　　主观规范量表的拟合优度和效度

潜变量	观测变量	λ	CR	AVE	拟合优度
他人规范	Sn_01	0.80	0.785	0.550	$\chi^2/df = 2.931$ GFI = 0.987 AGFI = 0.960 RMSEA = 0.062 NFI = 0.986 IFI = 0.991 CFI = 0.990
他人规范	Sn_02	0.67	0.785	0.550	
他人规范	Sn_03	0.75	0.785	0.550	
自我规范	Sn_06	0.87	0.859	0.671	
自我规范	Sn_07	0.85	0.859	0.671	
自我规范	Sn_08	0.73	0.859	0.671	

表 E - 7　　　　　　知觉行为控制量表的拟合优度和效度

潜变量	观测变量	λ	CR	AVE	拟合优度
参与治理能力	Pbc1_01	0.86	0.931	0.770	
参与治理能力	Pbc1_02	0.90	0.931	0.770	
参与治理能力	Pbc1_03	0.87	0.931	0.770	
参与治理能力	Pbc1_04	0.88	0.931	0.770	
时间压力	Pbc2_01	0.62	0.816	0.530	$\chi^2/df = 2.922$ GFI = 0.948 AGFI = 0.924 RMSEA = 0.062 NFI = 0.964 IFI = 0.976 CFI = 0.976
时间压力	Pbc2_02	0.85	0.816	0.530	
时间压力	Pbc2_03	0.76	0.816	0.530	
时间压力	Pbc2_04	0.66	0.816	0.530	
行政领导沟通开放性	Pbc3_01	0.84	0.946	0.779	
行政领导沟通开放性	Pbc3_02	0.87	0.946	0.779	
行政领导沟通开放性	Pbc3_03	0.90	0.946	0.779	
行政领导沟通开放性	Pbc3_04	0.91	0.946	0.779	
行政领导沟通开放性	Pbc3_05	0.89	0.946	0.779	

表 E - 8　　　　　　　行为意向量表的拟合优度和效度

潜变量	观测变量	λ	CR	AVE	拟合优度
行为意向	Bi_01	0.78	0.899	0.690	$\chi^2/df = 13.513$ GFI = 0.972 AGFI = 0.862 RMSEA = 0.157 NFI = 0.978 IFI = 0.980 CFI = 0.980
行为意向	Bi_02	0.86	0.899	0.690	
行为意向	Bi_03	0.86	0.899	0.690	
行为意向	Bi_04	0.82	0.899	0.690	

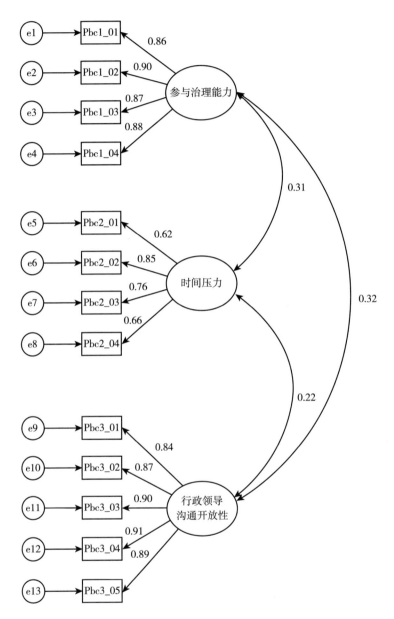

图 E－5　知觉行为控制量表的验证性因子分析结果

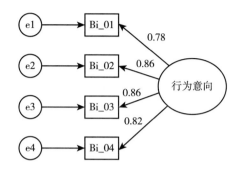

图 E-6　行为意向量表的验证性因子分析结果

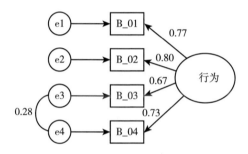

图 E-7　行为量表的验证性因子分析结果

表 E-9　　　　　　　　　　行为量表的拟合优度和效度

潜变量	观测变量	λ	CR	AVE	拟合优度
行为	B_01	0.77	0.832	0.554	$\chi^2/\mathrm{df}=1.548$ GFI = 0.998 AGFI = 0.985 RMSEA = 0.033 NFI = 0.998 IFI = 0.999 CFI = 0.999
	B_02	0.80			
	B_03	0.67			
	B_04	0.73			

后　记

　　共同治理是大学治理的一种理想模式。由于国家宏观教育体制、高校办学传统、教师公共责任意识和治理能力等的影响，国内高校教师参与治理成效不佳。不少学者表达了对教师参与治理的理想期许和对现实的无奈。作为一名从事教育管理和研究工作的后辈，我总希望能从学校管理的角度提出可能的改进策略，通过优化学校内部治理环境帮助广大普通教师提高获得感和幸福感。教师建言不受身份限制，也是普通教师参与治理的主要方式，能在一定程度上发挥他们的主观能动性，这引起了我的研究兴趣。因此，我将研究聚焦到了教师建言行为这一教师参与治理的具体行为表现。

　　教师建言行为难免受到个人利益的驱动，然而我在日常的观察中发现大多数教师还是很有责任心的，也非常愿意为学校出谋划策，打心底希望学校变得更好。教师建言行为本质上就是一种教师与行政人员之间的沟通行为。在访谈中我发现"尊重"二字是如此重要，哪怕明知道自己的建言可能不会被采纳实施，如果行政领导放低姿态，主动、真诚地听取意见，教师们还是会愿意表达自己的想法。相反，如果行政领导征言只是走个形式，教师们会感知到自己不被尊重，产生抵触情绪，即使有想法也不愿去表达。大学的有效治理除了优化治理结构，更要建立基于信任的治理文化，这离不开教师和行政人员两大群体的沟通互动。大学共同治理任重道远，教师建言所能发挥的效能可能并不大，但是让教师们有渠道和机会去表达是一所大学维持稳定与秩序的必要条件，而"尊重"则是我们每一位教育管理工作者需要秉持的态度。

　　学术之路可谓痛并快乐着，本书的顺利完成需要感谢的人很多。

感谢我的博士生导师南京大学余秀兰教授。研究教育公平的她兼具学者的理性和对社会的温情，她学识渊博、治学严谨、耿直善良、从容淡定。本书从选题、研究框架、问卷设计和发放、修改完善等，都离不开余老师的耐心指导。

感谢南京大学教育研究院冒荣老师、张红霞老师、王运来老师、操太圣老师、汪霞老师、吕林海老师、王世岳老师、孙俊华老师、汪雅霜老师等的指导和帮助，感谢江苏省教科院宋旭峰老师和苏州工业职业技术学院单强老师提的宝贵意见。

感谢我的硕士生导师浙江大学顾建民教授，谢谢您一直以来对我的认可、鼓励和帮助，毕业多年我一直记得您说的"踏踏实实做研究、做事先做人"。

感谢接受我访谈的教师们，帮忙转发问卷和填写问卷的同门、同事、同学、高校同仁。

感谢浙江工商职业技术学院的领导和同事对我的支持与鼓励。

感谢我的理工男爱人黄建浩，从校园到社会，感恩你的一路相伴和支持。因为你的照顾和默默付出，我才能活得这么"不食人间烟火"。感谢我的宝贝儿子黄鹄同学，每次跟你交流总能让我明白很多简单而纯粹的道理。你是上天送给我们的最好礼物，永远爱你！

感谢所有为本书的顺利完成提供帮助和支持的朋友。

由于本人自身学术水平限制，本书肯定存在不少疏漏和不足之处，恳请广大读者朋友批评指正。

郑琼鹄

2023 年 2 月